MON ENFANT
DANS LA JUNGLE DES
RÉSEAUX SOCIAUX

Conception de la couverture : Kim Lavoie
Mise en pages : Folio infographie
Correction d'épreuves : Violaine Ducharme

Imprimé au Canada

ISBN : 978-2-89642-555-6
Dépôt légal – Bibliothèque et Archives nationales du Québec, 2012

Les Éditions Caractère remercient le gouvernement du Québec – Programme de crédit d'impôt pour l'édition de livres – Gestion SODEC Les Éditions Caractère reconnaissent l'aide financière du gouvernement du Canada par l'entremise du Fonds du livre du Canada pour leurs activités d'édition.

Visitez le site des Éditions Caractère
editionscaractere.com

Laurence Bee

MON ENFANT DANS LA JUNGLE DES RÉSEAUX SOCIAUX

À mes trois petits Zèbres : A, G et F

Sommaire

Avant-propos
Clic et nunc

Je m'appelle Laurence Bee. Je suis née sur Twitter en 2010. Je ne m'appelle pas vraiment Laurence Bee, mais certainement un peu quand même. Laurence Bee est mon pseudo, simple raccourci de mon véritable patronyme. Moi en plus court en quelque sorte, comme sur Twitter, où les écrits sont limités à 140 caractères.

En 2010 a également débarqué dans ma vie un appareil rapidement devenu un prolongement de moi-même : mon iPhone. Avec lui, mon quotidien s'est enrichi, ma réalité s'est augmentée, et j'ai très vite constaté que je n'étais pas la seule à le vénérer : mes trois enfants se sont emparés du téléphone intelligent avec une facilité qui m'a déconcertée. Prise en main : trois secondes. Alors quand l'iPad a débarqué à la maison, c'était jour de fête à WiFi land.

C'est certainement là où j'ai eu le déclic, là où les chromosomes de la journaliste ont croisé ceux de la mère de famille : j'ai eu envie de raconter les premiers pas de mes enfants dans cet univers constamment connecté qui est désormais le leur. C'est ainsi qu'est né *Parents 3.0*, blog où j'observe mes enfants, où souvent je m'amuse de les voir grandir en réseau, et où je m'interroge beaucoup. C'est également la raison pour laquelle j'ai fait le choix d'un pseudo, pour protéger mes enfants.

Parce qu'en tant que (pas si) vieille mère qui a vécu (et un peu participé à) la naissance d'Internet avant celle de mes enfants – du temps où je n'étais pas encore Laurence Bee, mais déjà journaliste qui suivait l'actualité du Net –, me voilà donc dorénavant confrontée à l'éducation de futurs « citoyens numériques ». Aujourd'hui, mes citoyens numériques se contentent de me réclamer frénétiquement des coloriages quand ils voient mon ordinateur, et se cha-maillent pour avoir l'iPad. Mais je sais (et j'espère) que demain, ils verront avec d'autres yeux un ordinateur (ou iPad, ou iPhone, ou quel que soit leur moyen de se connecter alors), et feront comme leurs copains : ils tweet-teront, ils facebookeront, ils blogueront, bref, quels que soient les outils utilisés, ils seront en réseau, ils échange-ront, ils partageront. La question est : quoi ? avec qui ? L'autre question est : de quoi je me mêlerai ?

La « génération Y », ou *digital natives*, qui revisite les notions de vie privée, de données personnelles, d'intimité, cette génération, que va-t-elle laisser aux Z, mes petits Z(èbres) à moi, cette génération 100 % numérique, ayant grandi en réseau ? On dit les Y impatients, individualistes, zappeurs, etc. Et les Z, que retiendront-ils dans tout cela ? Nés sous (génération) X, ayant grandi sous Y, que vont-ils inventer ? Ce petit peuple du numérique va vraisemblable-ment aller vite, très vite. Il va prendre des habitudes vir-tuelles qui auront des répercussions sur le réel. Alors comment leur donner les limites dont ils auront besoin pour être équilibrés, sans pour autant les déconnecter ? Quelle forme de parentalité va-t-il falloir inventer pour les accompagner au mieux ? Bref, comment prendre un peu d'avance et devenir des parents 2.0, voire 3.0, avec des enfants Z ? C'est pour tenter de répondre à ces questions qu'est né ce livre, rédigé logiquement avec mon identité numérique.

Avec ma propre expérience de twitteuse, facebookeuse, blogueuse, avec des témoignages de familles sur leur utilisation des réseaux, des retours d'expériences pédagogiques en classe, avec l'éclairage de Yann Leroux, à la fois psy et geek, qui connaît parfaitement les réseaux sociaux, j'ai conçu ce guide pour aider parents et enfants à tirer le meilleur parti du Web social. Parce que le Web social est un outil formidable, pour peu qu'on s'y intéresse, et qu'on sache s'en servir.

Laurence Bee
twitter.com/lau_bee
laurencebee@gmail.com
http://parents3point0.com
facebook.com/Parents3point0

La vie de famille numérique

Dans sa chambre, Léa, 14 ans, accueille souvent plusieurs centaines d'amis. La chambre de Léa n'est pas spécialement grande. Pourtant, dans les 15 m² s'entassent sans problème, plusieurs heures par jour, environ 200 copains et copines venus d'un peu partout (certains de l'autre bout du monde mais la plupart de son école). Leur activité principale ? Commenter des photos et des vidéos. Raconter leurs humeurs. Dénicher des nouveaux groupes où ils pourront se faire de nouveaux amis et se défouler. Jouer. Prendre des nouvelles des uns et des autres, jeter un œil sur qui fait quoi à l'école, répondre aux invitations... Les activités ne manquent pas. Comme la plupart des ados de leur âge, Léa et ses amis ont une vie sociale assez intense. Comme la plupart des ados de leur âge, Léa et ses amis se retrouvent sur Facebook...

DES AMIS EN PAGAILLE

En moyenne, chaque ado a 210 amis (190 au secondaire et 260 au collégial, source TNS-Sofrès). Il s'agit là d'une moyenne. Le nombre d'amis est parfois ressenti comme une forme de puissance : plus le profil affiche d'amis, plus il en impose socialement. Facebook a limité le nombre d'amis à...

5 000 ! Peu importe que, d'un point de vue cognitif, les capacités humaines à tisser des interactions de qualité soient limitées à 150, selon la théorie dite du nombre de Dunbar. Il s'agit d'une étude publiée en 1993 par l'anthropologue britannique Robert Dunbar, selon laquelle au-delà de 150, « la confiance mutuelle et la communication ne suffisent plus à assurer le fonctionnement du groupe ». Les ados (mais ils ne sont pas les seuls !) n'en ont cure, et se lancent, du moins lorsqu'ils débarquent sur le réseau, à une « chasse aux amis » effrénée, histoire de marquer leur territoire.

C'est LE phénomène des années 2010 : là où les ados des années 1980 et 1990 se retrouvaient au café du coin avant d'aller traîner en ville, les ados d'aujourd'hui se retrouvent sur Facebook avant d'aller traîner sur le Web. Selon une étude TNS-Sofres publiée en juin 2011, près de 50 % des 8-17 ans disposent d'un compte sur un réseau social, et le chiffre grimpe à 80 % pour les plus de 13 ans. Quand ils ne sont pas sur Facebook, Léa et ses copains bloguent sur Tumblr ou SkyBlog, ils s'échangent des vidéos via YouTube, ils chattent sur MSN, ils jouent sur Habbo Hotel, ils envoient plusieurs centaines de SMS par jour, ils se tuyautent sur Skype, ils s'épanchent parfois sur certains forums... Ils sont de leur temps, et se servent des outils à leur disposition pour faire comme tous les ados du monde : s'amuser, s'affranchir, se rebeller, se découvrir... grandir.

Mais ces outils sont – relativement – nouveaux (Facebook est né en 2004), et leur utilisation a fait naître de nouvelles pratiques qui échappent aux parents... et les inquiètent. Les parents français des années 1990 se sont émus que leurs ados écoutent l'émission de radio *Lov'in Fun* avec les célèbres Doc et Difool, qui décryptait l'amour, la sexualité et autres sujets d'intérêt pour les jeunes. Pour les parents des années 2010, la grande peur, c'est de voir leur progéniture s'étaler sur Facebook. À la lecture des faits divers, l'inquiétude est d'ailleurs légitime : il y a eu la période des « apéros Facebook » géants qui réunissaient des milliers de personnes, dont l'un s'est soldé, en 2010, par la mort d'un jeune homme à Nantes ; en juin 2011, une jeune fille est décédée après avoir été agressée à la sortie de son collège pour, semble-t-il, une sombre histoire d'insultes sur Facebook ; un jeune homme a été roué de coups après un rendez-vous sur le réseau… Tous les jours, les informations apportent leur lot de frayeurs aux parents, et la grande nébuleuse du Web social se transforme peu à peu en repère de pédophiles et d'agresseurs en tous genres. Pas une semaine sans qu'une étude soulignant les dangers du Web social ne vienne émouvoir les internautes.

De l'angoisse, du réseau : c'est le bon cocktail de l'époque. Étonnant paradoxe, puisque les parents sont également les premiers à partager en ligne des photos de leur progéniture dès leur naissance, voire avant la naissance. Mais lorsqu'il s'agit de lâcher du lest avec des enfants autonomes, leur vision du partage de la vie privée change.

Car oui, un enfant, par définition, prend des risques : où qu'il soit, quoi qu'il fasse, du point de vue des parents, un enfant prendra toujours des risques. Tout simplement parce que la vie comporte certains risques à l'état naturel, et que notre époque, bardée de ses certitudes médicales, de ses exigences de bien-être et de sécurité et de son devoir de bonheur, essaie tant qu'elle peut de les masquer.

Pourtant, même si ses implications sont intellectuellement plus étendues, l'inscription à un réseau social se situe sur le même plan que la natation ou le vélo : elle nécessite un apprentissage. Bien sûr qu'un enfant lâché tout seul sur les réseaux, sans conseils de prudence élémentaire, est un enfant qui prend des risques. Il ne viendrait à l'idée d'aucun parent de laisser son enfant traverser une route sans lui avoir appris à regarder à droite, puis à gauche. Il en va de même sur les réseaux sociaux : donnons à nos enfants la possibilité d'en tirer le meilleur profit en les éduquant, tout simplement, et en leur enseignant les règles élémentaires de sécurité sur les réseaux sociaux.

Le Web social n'est qu'un outil, un outil éminemment puissant, certes, et de longue portée, mais il reste un outil à notre service : il est ce que l'on en fait, et non l'inverse. Il offre aussi des opportunités incroyables. Ne voir dans les réseaux sociaux qu'un danger, c'est vivre hors du temps et de la réalité : qu'on le veuille ou non, les réseaux sociaux font désormais partie de la vie de famille, et de la vie tout court. Apprenons à les apprivoiser pour mieux en tirer parti et mieux accompagner nos enfants.

Être un e-parent ?
Pas toujours très LOL

Tous ces outils ont un inconvénient majeur : ils sont chronophages… Et s'il y a bien une denrée qui manque aux parents modernes, c'est le temps. Pourtant, pour pouvoir accompagner les enfants dans ce dédale social, c'est bien de temps et de patience dont il faut s'armer pour devenir un e-parent au top. Ou juste un e-parent…

La triste complainte du parent moderne

Réglons nos iPhones : être parent aujourd'hui, connecté ou non, ça n'est pas de tout repos. Tous les parents en conviennent et le répètent à l'envi. On a rarement vu, lu ou entendu autant de mères s'afficher ouvertement indignes (bientôt indignées ?), de parents s'avouer dépassés, de pères revendiquer leur place tout en ne sachant pas vraiment où elle se situe, de pédiatres et de psys sollicités pour donner des conseils tous azimuts… Tout ce qui a trait de près ou de loin à la parentalité ressemble à une longue litanie de plaintes et de questions. Comme en écho, s'exprime de plus en plus fort la voix de celles et ceux qui revendiquent leur choix de ne pas avoir d'enfant – les *childfree.* Les abus de notre monde moderne alimentent également toute une réflexion autour de la natalité, faisant rimer bébé avec « assez ! », le bébé incarnant non plus un petit être fragile en devenir, mais une bouche à nourrir et un pompeur d'oxygène.

Bref, pour résumer : les enfants nous pompent l'air, c'est dans l'air du temps.

Patience et longueur de temps

Oui, nos chères têtes blondes (ou brunes ou rousses) exigent de nous, parents pressés, deux denrées dont nous semblons avares : le temps, et la patience. Suivre les devoirs, prévoir les sorties, les vacances, les fêtes d'anniversaire, rassurer, assurer, écouter, accompagner, c'est effectivement chronophage et difficile à caser dans nos emplois du temps calculés serré. Sans compter que s'afficher disponible n'est pas très tendance, voire suspicieux. Cela n'a en outre rien de valorisant socialement parlant.

Ah, le bonheur d'« avoir » un enfant, de le serrer dans ses bras : Oh, l'épreuve d'« élever » un enfant… Pour définir le mot « pénible », le dictionnaire de la langue française mis en ligne par le site L'Internaute donne en exemple… « un enfant pénible » (quand le *Littré*, en avance sur son temps, donne en exemple « un travail pénible »). Ce même dictionnaire de L'Internaute, à la requête « enfant », renvoie sur différentes notions : « sottise », « turbulent », ou « ingrat »… Voilà donc la tourmente de l'adulte moderne, qui pour rien au monde ne vivrait sans enfant – enfant considéré, quand il est souhaité, comme un droit, d'où les consultations en hausse dans les cliniques de fertilité –, mais qui pour… plein de raisons au monde, aimerait parfois souffler un peu et déléguer ne serait-ce que quelques instants ses pouvoirs et devoirs d'éducateur.

Des parents restés sur *l'Île aux enfants*

Ce « parent moderne », c'est moi, c'est nous, c'est les autres, c'est une génération de parents trentenaires et jeunes quarantenaires, enfants nés entre de la fin des années 1960 et celle des années 1970, qui ont eu pour premiers héros Casimir et les Barbapapa, insouciants dans l'euphorie des années 1980, qui ont débarqué, à l'âge adulte un peu sonnés par le sida et la guerre du Golfe, dans les années 1990.

Une génération individualiste, ébahie par les premiers jeux vidéo, gâtée (observant des guerres certes, mais tellement lointaines, pas de MTS (maladies transmises sexuellement), du moins dans nos jeunes années), une génération insouciante, qui a eu du mal à intégrer les mots « crise » et « chômage » dans son vocabulaire plutôt serein, alors que ces mots sont apparus en même temps qu'elle. Une génération de parents ayant grandi sur *l'Île aux enfants*, et restée, quelque part, sur cette île fascinante.

Pour cette génération, devenir parents, c'est au final une mission à la fois pleine de promesses et hautement périlleuse : je fais comme tout le monde, j'assure ma part d'éternité en me reproduisant, je vais pouvoir continuer à jouer aux Playmobils avec ma progéniture, lui déverser les torrents d'amour que j'ai en moi, mais en même temps, va pas falloir que mes enfants m'en demandent trop, parce que moi, je lutte contre la crise ambiante, mon bon monsieur, et je suis déjà assez angoissé comme ça.

Génération pivot

Sans que l'on y prenne garde, les rôles se sont inversés : aujourd'hui, c'est l'enfant qui transmet, dès sa naissance, un héritage à ses parents un peu déboussolés.

Nous incarnons une génération pivot, dans le sens où nous héritons à la fois de nos parents – jusque-là, tout est normal –, mais, par certains aspects, nous héritons également et simultanément de nos enfants : en effet, l'enfant d'aujourd'hui est le garant de nos émotions fortes, nous comptons sur lui pour être heureux et nous garantir notre part d'épanouissement. Nous comptons sur lui, consciemment ou non, pour assurer notre tranquillité. L'enfant qui naît aujourd'hui dépose dans son berceau notre part de bonheur, ce bonheur normé qui semble dû aux parents quoi qu'il arrive. Sous couvert de faire passer les intérêts de nos enfants avant les nôtres – parce que nous nous souvenons tout de même qu'un enfant a besoin de nous –, nous confondons souvent amour et éducation. Nous aimons nos enfants, indubitablement, mais nous oublions parfois qu'aimer un enfant, ce n'est pas le conformer à nos exigences de bonheur, ce n'est pas confondre son épanouissement avec le nôtre.

Enfants, parents, le grand mélange

Nous « parentons » – en référence au mot *parenting* anglo-saxon – dans un contexte global aux contours flous. Nous surprotégeons nos enfants pour mieux nous protéger nous-mêmes et tout contrôler (comme en témoigne le phénomène des « parents hélicoptère » aux États-Unis, voir encadré). Nous voulons dans le même temps, et paradoxalement, les faire grandir plus vite et leur faire acquérir une certaine autonomie plus tôt, officiellement par fierté de constater à quel point ils sont « en avance sur leur âge » (donc en décalage sur leur âge si on y réfléchit 30 secondes), officieusement pour nous débarrasser des corvées liées à l'éducation d'un enfant. La pub nous y incite fortement. Par exemple, cette pub d'une compagnie d'électricité où un bébé explique, avec une voix d'homme, à son père ébahi (mais certainement soulagé), qu'il doit mieux gérer ses dépenses d'énergie.

LES « PARENTS HÉLICOPTÈRE » FONT RIMER SURPROTECTION ET ÉDUCATION

Quand une Amérique obsédée par la réussite sociale de ses enfants rencontre une Amérique angoissée par le monde qui l'entoure, cela donne une nouvelle forme de parentalité, surprotectrice. Ces parents des années 2000 ont été baptisés « parents hélicoptère » par les médias parce qu'ils s'occupent tellement de leur progéniture, ils sont tellement présents qu'ils donnent l'impression d'être en permanence au-dessus de leurs enfants, toujours prêts à répondre au moindre de leurs besoins, quels qu'ils soient. Emblématiques de cette éducation, des comportements assez étonnants ont vu le jour. Ainsi, des parents prennent-ils leurs enfants en photo tous les matins avant de partir à l'école, au cas où ils se fassent enlever, afin de pouvoir diffuser le photo la plus récente possible, ou exigent de leur municipalité qu'elle fasse élaguer des noyers à proximité de la demeure familiale, parce que le petit dernier est allergique aux noix...

Et Facebook vint

Alors quand Facebook arrive, c'est un peu comme un chien dans un jeu de quilles. D'un côté, les jeunes parents bondissent dessus pour y « partager » des photos de leur bébé ; de l'autre, les parents d'ados s'étranglent parce que leurs *kids* y « partagent » des photos et des *walls* pleins de fautes d'orthographe et de photos plus ou moins... correctes. Allez comprendre... Et justement, c'est là que le bât blesse : Facebook, personne n'y comprend rien. Les conditions générales d'utilisation ? Qui les a lues ? Et quand bien même on les a lues : elles changent très souvent, et sont pour le moins absconses. Les « paramètres de confidentialité » ? Activés par défaut, à l'avantage de Facebook et non de l'utilisateur, lequel doit être à même de s'y repérer dans les différentes possibilités proposées, entre les listes, les amis, le public... Une vraie prise de tête, qui ajoute à la confusion parentale ambiante.

Entre angoisse et laisser-faire

Souvent, les parents découvrent par hasard que leur enfant est sur Facebook : un membre de la famille ou des amis présents sur le réseau les informent qu'ils ont vu le compte de leur progéniture.

Certains parents donnent leur accord à leur enfant, par ignorance de ce qu'il s'y passe, ou par lassitude aussi, lorsque l'enfant, revenu à la charge 10 fois par jour pendant 3 mois sur l'air de « Mais tout le monde y est ! », finit par avoir raison de la capacité de résistance de ses géniteurs.

D'autres parents refusent purement et simplement que leur enfant «y aille», souvent parce qu'ils n'y sont pas eux-mêmes, ou parce que ce qu'ils y ont vu ou en ont lu n'a pas suscité en eux une adhésion totale au concept de réseau social, voire a provoqué chez eux un rejet absolu.

Et, enfin, il y a une catégorie de parents – ils existent! –, qui encadrent l'arrivée de leurs enfants sur le réseau, ou tentent de l'encadrer, en verrouillant avec eux les paramètres de confidentialité, et en en limitant l'usage.

Mais une chose est sûre: la plupart des parents ont vu arriver Facebook dans la vie de leurs enfants avec angoisse, parce qu'ils ne maîtrisaient pas l'outil, à la fois technique-ment et socialement, et parce que, de maîtres, ils deve-naient élèves de leurs enfants. Avec Facebook, les ados ont trouvé un moyen d'échapper à leurs parents surprotec-teurs, même si c'est pour mieux tomber dans les griffes commerciales des marques, trop contentes de voir affluer en un seul endroit une clientèle aussi attirante.

Hyperliens

N'en jetez plus, la coupe est pleine: ces parents que nous sommes, déjà un peu perdus face à l'ampleur de la tâche d'élever un enfant au XXIe siècle, ont pour certains lâché prise parce qu'ils n'avaient plus le contrôle. Ce que *Le Monde Magazine*, dans un dossier publié en février 2011, a traduit par: «Ados accros, parents à cran.»

Parents résignés aussi: dans un sondage organisé sur la page Facebook de Parents 3.0, sur 23 votants, une majorité (17) ont indiqué que la présence de leurs enfants sur les réseaux sociaux leur paraissait «inévitable». Seuls

2 votants – mais 2 votants tout de même ! – ont indiqué que c'était « une bonne chose ».

Reprendre la main face à un ado, et de manière générale face à un enfant connecté, est tout sauf facile. Cela demande un type d'efforts que notre génération n'a pas été préparée à fournir. Entre envie de bien faire, volonté de conserver une bonne image de soi auprès de ses enfants, pression sociale, pression familiale, s'il veut réussir l'éducation de ses enfants, le parent d'aujourd'hui, pour fatigué ou paumé qu'il soit, doit aussi devenir un e-parent. Et ça n'est pas simple, parce que nous n'avons aucun modèle ! Nous devons inventer au quotidien des réponses face aux questions que posent les usages numériques qui se dessinent et qui changent sans cesse. Nous défrichons la forêt du Web social en famille. Et c'est vertigineux. Mais passionnant. À nous de créer les hyperliens de demain, en apprivoisant le Web social.

Plongée dans Facebook

C'est LE site préféré des ados. Avec une croissance qui ne se dément pas (plus de 750 millions d'inscrits au moment où ces lignes sont écrites), Facebook est une porte d'entrée sur le Web, à partir de laquelle on peut discuter, se regrouper selon des affinités. La majeure partie des ados s'y connecte tous les jours, et plusieurs heures par jour. Ils y prennent connaissance des nouvelles de leurs amis via le « mur », une page où s'affichent les contenus, ou statuts, mis à jour par leurs amis. Le principe est, du moins en apparence, relativement simple : chacun peut remplir cet espace disponible comme bon lui semble, un peu comme, dans le temps, on punaisait des affiches de nos groupes préférés ou des photos de nos dernières vacances. Sauf que le mur Facebook permet de partager son contenu avec tous ses amis, qui pourront venir en prendre connaissance lors de leur connexion. Un peu comme si nos amis, voire les amis de nos amis, avaient débarqué dans notre chambre d'ados pour y admirer les posters affichés quand bon leur semblait, tout en y ajoutant un petit mot.

Facebook abrite également des groupes, des communautés, sur tout et n'importe quoi, selon les modes et les humeurs. Au hasard, cette page intitulée « – Ça veut dire quoi 'I don't know' ? – Je sais pas. – Bah moi non plus », typique de l'humour adolescent, et qui ne compte pas moins de 228 000 fans, et des centaines de commentaires à base de LOL, de PTDR, de «hihi» et de petits cœurs symbolisant que l'auteur a apprécié ce qu'il a lu. Dans le même ordre d'idées, on y vénère des expressions, des petites phrases de plus ou moins bon goût, qui font partie de l'univers en perpétuelle formation des ados.

On joue aussi beaucoup sur Facebook : des jeux d'argent, de combat, de simulation, de rôle. Les stars du genre s'appellent *City Ville* (15 millions de joueurs), *Farmville* (8,6 millions), *Empire and Allies* (7 millions), ou encore *Millionaire City* (plus d'un million de joueurs). Un jeu d'arcade comme *Bubble Island* y côtoie un *Crime city*, où tout est dans le nom...

Et puis il y a toutes ces conversations privées par le chat ou la messagerie, où l'on... discute, comme dans n'importe quel site de conversation.

Une plongée dans le Facebook des 13-18 ans n'est ni plus ni moins que le reflet de la culture ado, à un âge où l'on navigue en eaux troubles, entre enfance et indépendance.

Mais aujourd'hui, ces pratiques adolescentes, si elles permettent aux adolescents de se regrouper et, en partie, de se forger une identité, peuvent aussi être observées au plus près, scrutées en permanence par les médias, les marques... et les parents, qui y trouvent, et c'est normal, matière à s'offusquer.

ALICE, 14 ANS

« J'ai commencé par chatter sur MSN. J'étais en 4ᵉ année. Je parlais surtout avec quelques copines, une petite dizaine. Des filles de ma classe et de l'école. On se racontait des histoires de filles, on parlait de l'école. J'avais ouvert mon compte MSN avec la permission de mes parents. J'avais le droit de me connecter un peu le soir après les devoirs. Et puis après, assez vite, j'ai voulu passer à Facebook. Tout le monde commençait à l'avoir dans ma classe. J'ai commencé à mettre de la pression sur mes parents. Ils n'étaient pas très chauds au départ. Et puis j'ai insisté, insisté, et quand je suis entrée en sixième, ils ont bien voulu que je m'inscrive. J'ai un peu triché sur mon âge, sinon je n'aurais pas pu avoir mon compte puisque c'est interdit aux moins de 13 ans, mais je ne l'ai pas dit à mes parents. Au début, mes parents voulaient jeter un œil sur ce que je faisais. Et puis rapidement, ils ont laissé tomber. J'ai eu assez rapidement une centaine d'amis, des gens du collège. Il y avait toute ma classe ou presque, et quelques autres. Aujourd'hui, j'ai plus de 400 amis. Évidemment, je ne les connais pas tous. Il y a des copains de copains, il y a aussi des contacts que j'ai ajoutés après des camps de jour, ça permet de savoir ce que deviennent les uns et les autres. Au début, je ne faisais pas trop attention avec qui j'étais amie, parce que j'étais contente d'avoir plein de demandes. C'est vrai, on se sent populaire, c'est cool. Un jour, j'ai eu un problème, une fille que je ne connaissais pas mais avec qui j'étais amie a commencé à écrire des trucs débiles sur mon mur, elle disait aussi qu'elle avait des photos compromettantes. Bon, ça n'est pas allé plus loin, je l'ai enlevée de mes amis, mais c'est vrai que ça m'a fait réfléchir.

Au début, je me connectais tous les jours, après les devoirs. Je regardais mes notifications, je regardais qui était là pour discuter, prendre des nouvelles. Je répondais à des quiz rigolos. Aujourd'hui, je me connecte quand même moins souvent, ça m'est un peu passé parce qu'au bout d'un moment, j'ai eu l'impression de tourner en rond. En revanche, je reconnais que c'est utile parce qu'aujourd'hui, ça me sert pour faire mes devoirs: quand je sèche sur un problème, je vais sur Facebook voir s'il n'y pas quelqu'un pour m'aider. »

Des parents confrontés à un contenu qui ne leur est pas approprié

Facebook rend possible la rencontre entre deux mondes, deux sphères d'intimité: celle des parents et celle des enfants, qui traditionnellement restaient plus ou moins étanches, avec des ados ou préados soucieux de s'émanciper... Jusqu'à récemment – il y a moins de 10 ans –, les jeunes filles en fleur et les garçons boutonneux se confiaient, en cas de besoin, à leurs amis, à leur journal intime. Mais nous vivons désormais dans un monde de flux et d'information, nous avons la possibilité, grâce aux réseaux sociaux, de recevoir et d'envoyer en permanence des données, des informations de toutes sortes, de croiser ces données, de les transmettre. Nous avons également accès à des données qui ne nous sont pas forcément destinées : c'est ainsi que les enfants risquent de croiser sur le Web des contenus inappropriés. Et c'est ainsi que, de la même manière, les parents risquent de se retrouver face à des contenus tout aussi inappropriés : les murs Facebook de leurs enfants. Et ce qu'ils peuvent y trouver risque de les choquer. « Quand je regarde le Facebook de ma fille, je suis effrayé, je me demande qui j'ai en face de moi, raconte un père de famille. Sur son mur, ça ne vole pas haut, ça parle mal, et c'est plein de fautes. » Ce constat, une majorité de parents pourrait certainement le faire aujourd'hui via Facebook. Je ne sais pas si les ados des années 1980 ou 1990 écrivaient mieux ou avaient entre eux un niveau plus élevé, mais leurs parents ne le savaient pas, ne pouvaient pas le lire ou l'entendre... Ils étaient donc, d'une certaine façon, moins angoissés.

L'EFFET LOL, EMBLÉMATIQUE DE LA CULTURE ADO 2.0

LOL : trois lettres acronymes de *Laughing Out Loud*, popularisées par le film du même nom sorti en 2008, et que l'on retrouve en français avec MDR (mort de rire), ou encore « XD », *smiley* symbolisant le rire aux éclats, ou encore l'expression dérivée « lulz », marque d'un rire moqueur, voire sardonique. On rigole beaucoup, chez les ados, et ça se voit : les murs, forums ou blogs sont très LOL. Le LOL a ses stars : citons par exemple Louis and Zach, deux ados auteurs d'une vidéo particulièrement culte dans le monde ado (vue plus de 11 millions de fois sur YouTube), elle-même parodie d'une vidéo hot... Les ados sont particulièrement friands des vidéos virales, ces vidéos venues de nulle part, postées par des internautes lambda et adulées l'espace d'un instant, parce qu'elles cristallisent, à un moment M, ce que les ados et préados aiment. Ces vidéos s'épanouissent particulièrement sur le Web social, où l'une des activités essentielles consiste à s'échanger des liens. Manière, là encore, de marquer son territoire en accordant de l'importance à ce qui n'a pas de sens pour les adultes.

Le LOL est hiérarchisé, avec en haut de l'échelle le « mème » (à ne pas confondre avec « même »). Le mème relève lui aussi de la viralité des réseaux sociaux, alliant créativité et capacité de réaction: le mème est un détournement d'images, sorte de « remix » visuel, fruit d'une collaboration spontanée entre internautes. Le mème peut se focaliser sur des images de chats (appelées les « lolcats »), mais peut aussi porter sur des célébrités: l'acteur Keanu Reaves a ainsi été détourné dans de nombreux mèmes.

KIKOOLOL ?

En bas de l'échelle du LOL, on trouve le « kikoolol »: le « kikoolol » est la plupart du temps issu du langage préados, et applique à l'orthographe les règles du langage SMS, ce qui donne des phrases du genre: « slt, looool », que l'on pourrait traduire par « salut, qu'est-ce qu'on se marre ici ». Le « kikoolol » n'a pas que des amis: son abus du langage SMS lui vaut même quelques inimitiés, et certains groupes sur Facebook mènent une bataille « anti-kikoo » !

Inversion des rôles

Avoir un accès illimité à l'intimité de ses enfants, plus ou moins volontairement, est une source évidente de stress, parce que tout parent est prompt à s'inquiéter et à imaginer ses enfants comme des êtres vulnérables. L'image du petit enfant s'efface de manière assez brutale, au profit d'un être qui s'affirme de plus en plus, et qui s'exprime numériquement.

Ce sentiment est renforcé par le fait que la maîtrise des réseaux échappe, dans la plupart des cas, à la maîtrise parentale. Les parents n'ont en effet pas le mode d'emploi : ce sont les enfants qui ont les clés de ce nouveau monde. Ce sont les enfants qui savent franchir « le mur » Facebook. Et c'est certainement là que se situe la plus grosse fracture : désormais, les parents sont obligés de se laisser guider dans un monde où ils ont également leur place – le Web social, est, par définition, pour tout le monde – mais qui leur échappe, techniquement et sociologiquement. Les codes en place sur les réseaux sont compréhensibles à condition d'y consacrer du temps… et c'est bien ce qui fait cruellement défaut au parent moderne.

Alors que du côté des enfants, la socialisation en ligne se fait naturellement : ils sont nés avec. Cette génération, souvent appelée « génération Y » (parce que suivant la génération X des années 1990), ou *digital natives* (ils ont du numérique dans leur ADN !), ne se pose pas de questions : elle fait avec les outils à sa disposition. On ne voit pas bien pourquoi elle s'en priverait. Reste qu'elle est la première génération à se frotter sans réel accompagnement, sans initiation autre que celle d'une formation sur le tas, et entre pairs... Les parents d'aujourd'hui ont rarement la main sur le Web social, car il ne fait pas partie de leur culture. Les représentations qu'ils en ont sont issues le plus souvent du bouche à oreille (entre parents, on se parle...) ou des médias que d'une pratique réelle. Ils n'ont pas le recul nécessaire à une transmission de savoirs, telle qu'elle se fait traditionnellement dans d'autres domaines : pas de souvenirs à raconter (« Quand j'étais jeune, je faisais les 400 coups sur mon blog ! »), pas de prévention autre que celle forgée par le bon sens ou la lecture de faits divers. Mais, encore une fois, pas d'expérience ni de recul qui permettent un encadrement réel de leurs enfants.

X, Y, Z... : l'alphabet des générations

Il est d'usage, depuis les baby-boomers – c'est-à-dire les personnes nées à la fin de la Seconde Guerre mondiale –, de regrouper les générations qui ont suivi selon des comportements communs. Si ce regroupement fait débat, il est cependant largement utilisé pour décrire les générations qui se sont succédé depuis les années 1960. Un grand flou règne sur leurs désignations respectives... Voilà néanmoins quelques éléments de repère.

La génération X est celle née dans les années 1960 et 1970. Elle a grandi dans l'ombre de ses aînés les baby-boomers. Elle est souvent associée à la génération « grunge », après la publication d'un roman de l'écrivain canadien Douglas Coupland qui a remporté un grand succès au début des années 1990, et qui la dépeignait comme déboussolée. Le terme « génération X » a été employé pour la première fois en 1964 par la journaliste britannique Jane

Deverson, la lettre X ayant été choisie parce qu'elle symbolise l'inconnu, l'absence de repères et d'identité... Cette génération X a été la clientèle des premiers cours d'informatique au secondaire et au cégep, et se souvient encore des disquettes... Elle a également vécu l'arrivée du premier jeu vidéo grand public, *Pong*, et évoque avec émotion la découverte du personnage PacMan.

Et puis les X sont devenus parents, et ont, logiquement, enfanté les Y. Ah, les Y... Tout le monde s'y intéresse : la presse, d'abord, qui a beaucoup écrit sur cette génération, née dans les années 1980 et 1990 – c'est-à-dire englobant des tranches d'âges allant des ados jusqu'aux trentenaires d'aujourd'hui –, et censée incarner le *nec plus ultra* en matière de jeunesse numérique puisque née avec les nouvelles technologies. Les entreprises, ensuite, s'y intéressent pour savoir comment séduire au mieux ces jeunes, à la fois pour les recruter et les amener à consommer. Les Y sont souvent décrits comme « zappeurs, désengagés », et impatients. Ce sont eux qui ont investi massivement les réseaux sociaux lorsqu'ils sont apparus, faisant fi des usages habituels en matière de vie privée.

Dans un entretien qu'il a accordé au quotidien *Libération*, le philosophe Michel Serres a baptisé cette génération « Petite Poucette », « pour sa capacité à envoyer des SMS avec son pouce » explique-t-il. Dans cette interview, Michel Serres revient sur les bouleversements technologiques que nous vivons, dans lesquels baignent les enfants d'aujourd'hui : « La vraie nouveauté, c'est l'accès universel aux personnes avec Facebook, aux lieux avec le GPS et Google Earth, aux savoirs avec Wikipédia. Rendez-vous compte que la planète, l'humanité, la culture sont à la portée de chacun, quel progrès immense! Nous habitons un nouvel espace… La Nouvelle-Zélande est ici, dans mon iPhone! J'en suis encore tout ébloui!»

La génération Z, quant à elle, suscite des controverses: elle fait débat sur son appellation, puisqu'on a vu apparaître le terme «génération C» pour la désigner, C pour communiquer, collaboratif, connexion, citoyens… D'autres experts l'appellent aussi génération «émo», pour émotionnels, les émotions «à fleur de peau» étant l'une des caractéristiques de cette tranche d'âge qui grandit avec les outils du Web social. Elle fait débat aussi sur sa «date de naissance»: elle désigne parfois ceux nés à la fin des années 1990, parfois ceux nés après le 11 septembre 2001. Mais quelles que soient l'appellation ou la date retenues, il faut savoir que ces jeunes semblent, selon les premières études, tenir compte des avantages des réseaux (se faire des amis, se faire connaître), tout en ayant une meilleure connaissance des dérives éventuelles (le mélange parfois délicat entre vie privée et vie publique). C'est ainsi, par exemple, que certains observateurs ont noté un retour de l'utilisation du pseudo sur certains réseaux.

DIGIBORIGÈNE VS IMMIGRANT NUMÉRIQUE?

Le terme «digiborigène» est la traduction du terme anglais *digital natives*, qui désigne tous ces jeunes nés en même temps que les usages numériques, aussi à l'aise dans le virtuel que dans le réel, inventant de nouvelles frontières, ou plutôt les repoussant. On doit initialement ce terme de *digital natives* à l'Américain Mark Prensky, spécialiste de l'éducation et conférencier, auteur en 2001 d'un essai justement intitulé *Digital Natives, Digital Immigrants*, où il met en lumière le fossé entre ceux nés avec le numérique (les *digital natives*, ou digiborigènes), et les *digital immigrants*, c'est-à-dire les autres qui font avec le numérique. Ainsi, dans son essai, explique-t-il que les « immigrants du numérique », même s'ils s'adaptent à cet environnement connecté qui est désormais le nôtre, conserveront toujours un « accent » : cet « accent », c'est, par exemple, de ne pas avoir pour premier réflexe de consulter Internet pour trouver une information, d'imprimer les e-mails, ou de lire le mode d'emploi d'un programme pour s'en servir, ce que ne fera pas un natif, qui saura que la machine elle-même lui expliquera comment fonctionner.

Selon Mark Prensky, les digiborigènes sont « la toute première génération à avoir grandi avec les nouvelles technologies. Ils ont passé leur vie entourés et se servant d'ordinateurs, de jeux vidéo, de lecteurs MP3, de webcams, de téléphones mobiles. À 18 ans, un étudiant moyen a passé moins de 5 000 heures à lire, mais plus de 10 000 heures à jouer à des jeux vidéo (sans parler des 20 000 heures à regarder la télévision). » Et les chiffres cités par Mark Prensky datent de 2001: imaginez les chiffres aujourd'hui ! Cette génération n'a pas connu le monde sans Internet. Cela a comme impact qu'aujourd'hui, ces natifs du numérique pensent et assimilent l'information d'une tout autre façon que nous, parents, et « simples immigrants », du monde numérique.

L'essai *Digital natives, Digital immigrants* est disponible sur http://www.marcprensky.com/

Le poids des photos

Vous vous souvenez, vous, de ce que vous faisiez quand vous étiez ados et que vous voyagiez avec vos copains? Oui, du chahut et des tas de bêtises... Les ados d'aujourd'hui aussi, il n'y a pas de raisons. Leur passion, c'est de se prendre en photo. Si possible en faisant des grimaces, ou dans une posture la plus ridicule possible, parfois à leur insu (endormi la bouche ouverte, par exemple...). Des trucs de collégiens, comme on en a tous faits avec notre Instamatic Kodak. Mais les ados d'aujourd'hui viennent de Krypton et ont des super pouvoirs que nous n'avions pas: ils ont non seulement Facebook mais ils ont en plus des téléphones intelligents. Dès qu'un groupe d'ados se retrouve quelque part, le téléphone intelligent est aussitôt dégainé pour mitrailler: c'est une réalité, les ados aiment se prendre en photo, s'envoyer des photos, s'échanger des photos, se montrer des photos, commenter des photos, glousser en regardant des photos, mais aussi se menacer, en riant (pas toujours), de poster les photos sur Facebook. La plupart des ados d'aujourd'hui ont bien compris qu'ils ont entre les mains de quoi exercer une forme de chantage les uns sur les autres. Ils ont également bien compris que c'est du donnant-donnant: tu ne me nuis pas sur Facebook, et je ne publie pas de photo compromettante. L'équilibre par la force de dissuasion. Les réseaux sociaux, c'est, aussi, l'apprentissage d'une certaine forme de diplomatie.

PLANKING, DUCK FACE, À CHACUN SA POSE

En matière de photo, des modes aussi apparaissent sur les réseaux: le *planking* en est une. Elle consiste à se prendre en photo en train de faire la planche, c'est-à-dire allongé, si possible dans une situation incongrue. De nombreuses pages Facebook sont consacrées au phénomène, où l'on aperçoit des ados (mais pas seulement) faisant la planche dans des lieux publics ou en équilibre sur leur balcon.

Autre mode: le *duck face*, qui consiste, pour les jeunes filles, à se photographier en faisant la moue avec les lèvres...

Tout savoir sur Twitter

Twitter est souvent présenté comme « moins bien » que Facebook, ou « mieux », il est en tout cas très souvent comparé à Facebook. « Mais qu'est-ce que Twitter a de plus que Facebook ? » entend-on demander. En fait, si les deux sont, en apparence du moins, similaires, car conçus pour permettre d'échanger avec son réseau, ils sont en réalité très différents, et ont des usages complémentaires, selon ce que l'on souhaite en faire.

Là où Facebook permet de prendre des nouvelles d'un réseau essentiellement constitué d'amis ou de connaissances plus ou moins réelles, Twitter permet de construire sa propre communauté, en dialoguant, ou en échangeant du contenu autour d'une thématique, aussi large soit-elle.

Twitter est un univers parallèle où l'on parle un langage abscons, fait de « RT », « hashtag », « #FF », « followers » et « followings »... Rares sont ceux qui adhèrent dès leur première connexion à cette étrange communauté. Pourtant, cela n'empêche pas plus de 100 millions de personnes dans le monde d'avoir un compte Twitter actif, et d'envoyer chaque jour 200 millions de tweets... Alors, qu'est-ce qui explique le succès grandissant de Twitter ? Qu'est-ce qui fait que l'on « tombe dedans » ? Plusieurs facteurs expliquent cette réussite.

Facteurs de réussite

Le côté instantané

C'est le média idéal pour se tenir au courant de l'actualité chaude. De nombreux journalistes y sont inscrits pour y effectuer leur veille professionnelle, de nombreux politiciens aussi, et certains n'ont pas hésité à réserver la primeur de certaines informations à Twitter (par exemple, le Parti conservateur du Canada fait parfois des annonces et confirme souvent des rumeurs, comme celle d'un remaniement ministériel, sur Twitter avant de parler aux journalistes). C'est également d'abord sur Twitter que l'arrestation de Dominique Strauss-Kahn a été propagée en mai 2011...

Le côté bref

La limitation à 140 caractères, si elle paraît rébarbative au début, se révèle au final un atout. Les utilisateurs délivrent des messages précis, percutants. Beaucoup d'adeptes des «bons mots», un peu dans l'esprit des salons littéraires d'antan, ont trouvé sur Twitter le moyen idéal de s'exprimer et d'être lus, au point que des humoristes s'inspirent parfois de certains tweets.

Le côté communautaire

Quand on débarque sur Twitter, on se sent vite dépassé. Pourtant, à force de temps et de persévérance, chacun peut se construire sa propre communauté, autour de ses centres d'intérêt. Selon le type d'actualité qui vous intéresse, vous pourrez décider de suivre certains comptes en fonction de leur « bio » : chaque compte dispose en effet de 160 signes pour se présenter aux autres et mettre en avant ses sujets de prédilection. En retour, vous pourrez être « suivi » par d'autres comptes, d'autres abonnés, qui seront intéressés par vos tweets. C'est de l'interaction entre abonnés que réside l'intérêt de Twitter. Lorsque le contact est établi, cette plateforme est un outil formidable pour informer, s'informer, être conseillé ou tout simplement se détendre, voire tout à la fois.

PETIT LEXIQUE À L'USAGE DES « TWITTEURS »

Twitter : vient d'un mot anglais qui signifie « gazouiller ». Petite précision orthographique : on écrit *Twitter* (prononcer « touitteur ») pour désigner l'outil, et tweeter pour désigner l'action d'écrire un tweet, c'est-à-dire un message en 140 signes. Autrement dit : on tweete sur Twitter...

Twitteurs : ésigne les usagers francophones de Twitter. Quant aux usagères, ce sont des twitteuses.

RT : abréviation de retweet. C'est le saint Graal des twitteurs : faire en sorte que son tweet soit transmis à un maximum de gens par cette fonction de « RT », sorte de « faire suivre » des temps 2.0.

Hashtag : c'est l'un des « plus » de Twitter. Il s'agit de la possibilité offerte de regrouper une thématique de discussion autour d'un « hashtag », symbolisée par #. Ainsi, #elections permet par exemple d'accéder à tous les tweets parlant d'élections.

#FF, ou Follow Friday : c'est l'une des traditions de Twitter. Tous les vendredis, les twitteurs décernent des #FF aux personnes qu'elles apprécient sur le réseau (d'où cette expression *Follow Friday*, « à suivre vendredi »). À l'origine, il s'agissait de faire découvrir de nouveaux comptes intéressants.

Timeline, ou TL : c'est l'ensemble des tweets émis par les gens auxquels on est abonnés sur Twitter.

Follower, ou abonné : les personnes qui suivent notre compte, qui sont abonnées à nos tweets et peuvent donc les lire. Plus les abonnés sont nombreux, plus les échanges sont, en théorie du moins, variés et intéressants. Mais une communauté « resserrée » et ciblée autour d'une thématique précise pourra également être intéressante à créer et à animer. Les followings sont les personnes dont vous suivez les comptes.

DM : message privé (*direct message*) que peuvent s'envoyer deux personnes qui se suivent, et qui ne sera lisible que par elles seules, et non par le reste de la TL.

Twitter et les ados :
pas (encore) de connexion !

Twitter plaît beaucoup aux journalistes pour sa capacité à fournir des informations et à les propager. En revanche, le réseau ne rencontre pas pour le moment un franc succès auprès des ados. Il souffre, pour cette tranche d'âge, d'une image de « Facebook en moins bien ». En France du moins, Twitter a une image un peu élitiste, et « adulte » : l'utilisateur moyen y est trentenaire. D'ailleurs, les statistiques le confirment : seuls 4 % des 13-17 ans et 13 % des 18-25 ans ont un compte Twitter. Quand les jeunes évoquent ce réseau, on sent bien que ce n'est pas forcément le grand amour :

- Version polie : « Ah oui, Twitter, mon père a un compte, alors, euh, je le lui laisse. »
- Version informée : « Je crois que j'ouvrirai un compte quand je chercherai du travail. »
- Version cash : « C'est nul, ce truc ! »
- Version prudente : « En fait, j'y suis allée, et j'ai rien compris. »
- Version… à venir : « C'est quoi Twitter ? »

Il y a pourtant une catégorie d'ados qui fréquente Twitter avec assiduité : c'est celle des fans… Pas « fans » au sens « facebookien » du terme (j'appuie sur le bouton « j'aime » et c'est tout). Non, des fans, des vrais, avides de pouvoir échanger avec leurs idoles présentes sur ce réseau. Car c'est l'un des avantages de Twitter : il offre la possibilité d'un contact direct avec les célébrités présentes sur le réseau de micro-blogging. Souvent à sens unique : ce n'est pas parce que l'on adresse un tweet à quelqu'un que cette personne y répondra… ni même qu'elle le lira ! Mais certaines stars, très actives sur Twitter, communiquent ainsi avec leurs fans. En France, le présentateur Nikos Aliagas voit par exemple chaque jour affluer de nouveaux abonnés à son compte (145 000 au moment où ces lignes sont écrites), tandis qu'il « suit » lui aussi de nombreuses personnes (plus de 30 000 !), n'hésitant pas à interagir, à répondre, ou à diffuser des photos, assurant ainsi à son compte Twitter une popularité grandissante.

JUSTIN BIEBER, PREMIÈRE STAR 2.0

Le chanteur à la mèche est un pur produit du Web social: il est né sur YouTube (sa mère a posté des vidéos de son fils alors qu'il n'avait qu'une dizaine d'années, c'est ainsi qu'il a été découvert, selon la légende). On ne compte plus le nombre de pages de fans qui lui sont consacrées sur Facebook, et les ados présents sur Twitter sont pour une majorité venus s'inscrire afin de pouvoir suivre leur star préférée: Justin Bieber. D'ailleurs, ses fans s'appellent entre eux les beliebers (en référence à l'anglais believer, qui signifie « croyant »). Véritable phénomène, les beliebers ont leurs clans, leurs guéguerres, leurs histoires qui déchaînent les passions, leur actu (les amours de Justin, les concerts de Justin, les photos de Justin, etc.). Chacun de ses clips postés est aussitôt visionné par des millions de fans partout dans le monde. En 2011, Justin Bieber détient d'ailleurs le record de l'artiste le plus vu de l'histoire du site de partage de vidéos YouTube, avec plus de 2 milliards de vues...

Twitter à l'école

Loin, très loin de cette frénésie des fans, des enseignants ont décelé en Twitter un potentiel pédagogique, que ce soit en maternelle, au primaire, au secondaire ou au cégep. Plus d'une centaine de classes disposent désormais d'un compte Twitter. Elles sont répertoriées sur le site http://twitt-classes.posterous.com/. Dans une enquête qu'elle a consacrée au sujet pour *Le Monde* en septembre 2011, la journaliste Cécile Bontron notait que les enseignants qui se lancent dans cette aventure «assument cette connexion au monde dans toute sa complexité». Car nous n'en sommes qu'aux débuts. Delphine Régnard fait partie de ces enseignants pionniers. Cette prof de français, latin, grec en lycée utilise les TICE (technologies de l'information et de la communication pour l'enseignement) depuis plus d'une dizaine d'années, et les réseaux sociaux depuis 2007. Elle raconte ici son expérience, particulièrement pertinente puisqu'elle mêle Twitter et langues anciennes, pour le plus grand bonheur de ses élèves, à qui d'ailleurs, la plupart du temps, elle fait découvrir ce réseau.

Depuis quand et de quelle manière utilisez-vous les TICE en classe, et en particulier les réseaux sociaux?

J'utilise les TICE depuis plus d'une dizaine d'années à présent car elles ont très vite montré leur utilité pour la classe. J'ai commencé à les faire utiliser à mes élèves de latin puis de grec en salle informatique. J'ai beaucoup utilisé la vidéo-projection, irremplaçable pour montrer un temple grec et sa beauté. En salle multimédia, je faisais faire des recherches Internet et des exercices en ligne qui motivaient les latinistes et leur faisaient apprendre leurs déclinaisons et conjugaisons! Ces séances étaient vécues comme des moments récréatifs (au sens étymologique du mot!).

L'utilisation des réseaux sociaux est toute récente: j'ai d'abord créé des blogs pour mes classes (depuis quatre ans) sans forcément y faire participer les élèves. Il y a deux ans, j'ai tenté de leur faire créer une page netvibes* (voir définition dans le glossaire) qui servirait de manuel, mais

l'entreprise fut difficile à mener (http://www.netvibes.
com/manuel2 nde#Accueil). Cette page se faisait en parallèle d'un blog auquel les élèves devaient contribuer (en
français et histoire-géographie) http://blog.crdp-versailles.
fr/ent2ndesah/.

C'est cette expérience qui m'a vraiment fait comprendre
l'utilité de faire publier aux élèves leurs travaux, leurs commentaires, etc. L'enjeu d'un blog est non seulement de
proposer un espace valorisant pour les travaux mais aussi
de rencontrer un lectorat autre que la classe.

Cette difficulté à faire connaître le blog m'a ensuite
convaincue de l'intérêt de Twitter. J'ai créé un compte pour
mes élèves de Terminale (@littlyc), qui leur a permis de
prendre position sur les lectures obligatoires à mener et
de sortir de l'exercice unique de la dissertation. On affi-
chait le mur de tweets et un élève servait de secrétaire à
la classe qui dictait tour à tour ses phrases. Certains élèves
ont créé à cette occasion leur propre compte pour échanger
davantage. Le deuxième compte que j'ai créé fut ma classe
de Seconde (@jevousecris), cette fois-ci j'ai proposé à ceux
qui le désiraient de créer leur compte particulier avec la
précision qu'il s'agissait d'un compte professionnel qui
était donc soumis à certaines contraintes (signifiées sur la
charte). Nous avons utilisé Twitter pour échanger en salle
informatique car les élève sont face à leur écran et se tour-
nent le dos, la communication était plus aisée sur cet
écran. J'ai aussi proposé des activités d'écriture : aux Terminales pour des haïkus qui rendent compte de leur lecture de *Fin de partie* de Beckett, aux Secondes pour des
réponses au questionnaire de Proust, par exemple. Il s'agissait donc chaque fois de multiplier les occasions d'écrire

et de leur en donner le goût et l'assurance : sur Twitter, le lien se crée par les messages écrits et c'est ce qui est particulièrement intéressant. Une mauvaise maîtrise de la langue nous disqualifie assez vite : le soin à apporter aux messages fut donc une priorité évidente pour les élèves.

Quand vous avez mis en place leur utilisation en classe, comment les élèves ont-ils réagi ? Et les parents ?

Les élèves n'ont pas été du tout convaincus d'emblée de l'intérêt d'utiliser Twitter en classe, d'abord parce qu'ils ne connaissaient pas ce réseau ! Ensuite, une certaine timidité les a aussi empêchés de se saisir de l'outil. Les Terminales ont découvert que tweeter les relançait dans leur travail et leur permettait de débattre sur leurs interprétations. Ils ont pu « rencontrer » le webmestre du site officiel sur Charles de Gaulle, dont le tome III des *Mémoires de guerre* sont au programme. Ce webmestre les a mis en relation avec des historiens qui travaillent sur le site, qui ont ainsi pu répondre à leurs interrogations sur l'œuvre. Ils ont aussi rencontré d'autres élèves, notamment un élève d'un autre lycée qui s'est montré particulièrement stimulant et avec lequel certain(e)s ont gardé contact, ainsi que moi-même. Les parents n'ont réagi que par leur signature et par l'accord que certains (très peu) ont donné en fin d'année pour autoriser leur enfant à garder leur compte de façon privée, cette fois-ci. Certaines élèves sont si ravies d'écrire et d'échanger qu'elles ont tout de suite cherché à échanger avec mes élèves de cette année. J'ai continué à utiliser le compte de Terminale et en ai créé un pour mes latinistes (@latinTle) pour les faire écrire en latin: les 140 caractères sont amplement suffisants pour oser écrire quelques mots, qui vont être lus par des professeurs, des spécialistes de latin ou de grec, mais aussi d'autres personnes ayant fait du latin, en France et à l'étranger. On retrouve ainsi la dimension de langue commune qu'a eue le latin et qu'a maintenant l'anglais. Chaque tweet est l'occasion de révisions grammaticales car les élèves ont plus l'habitude de traduire du latin vers le français que l'inverse, d'où la difficulté de l'exercice.

Après une première année d'utilisation, quel bilan tirez-vous de cet usage? Quel est l'apport d'un outil comme Twitter dans l'enseignement des lettres, en particulier dans l'enseignement des langues anciennes? En quoi le fait que Twitter limite les échanges à 140 signes peut-il s'avérer un atout pour faire vivre le latin ou le grec?

J'en tire un bilan positif: faire écrire sur un réseau social est une occasion unique de permettre aux élèves de communiquer dans des conditions réelles. Les contraintes de maîtrise de la langue et d'honnêteté intellectuelle (citer ses sources, s'interdire le copier-coller ou le plagiat...) ne sont plus des exercices d'école sans nécessité parfois à leurs yeux, mais des impératifs à observer pour entrer dans une communication faite de respect et d'échanges. Le professeur de lettres y trouve un grand intérêt, lui qui a à enseigner l'énonciation dans des situations variées et l'adaptation du contenu et de la forme au destinataire et à cette situation. C'est aussi un excellent moyen d'éduquer aux médias les futurs citoyens qui auront, qu'on le veuille ou non, à utiliser le Web et Internet dans leur vie professionnelle et même probablement privée.

J'ai fixé tout de suite comme objectifs aux latinistes de montrer que le latin pouvait s'apprendre de façons multiples et permettre des rencontres et des échanges : ils sont convaincus de l'intérêt de Twitter pour faire connaître aux élèves de Troisième, notamment, les possibilités de l'étude de cette langue. Nous avons commencé à rencontrer des élèves qui se prennent au jeu et essaient à leur tour de répondre. Faire faire du latin sur Twitter, c'est d'abord montrer que si la langue est « morte », son étude n'est pas moribonde ni sclérosante et constitue, elle aussi, une ouverture sur le monde par les échanges notamment culturels qu'elle permet.

Delphine Régnard raconte son expérience sur deux blogs très intéressants :
http://enseignant.hypotheses.org/
http://drmlj.wordpress.com/

Le témoignage d'Ameriquebecoise, alias Mélina Kéloufi

Elle a 15 ans. Sur Internet, elle s'appelle Ameriquebecoise. Dans la « vraie vie », elle est lycéenne, et elle s'appelle Mélina Kéloufi. Mais pour elle, les deux identités sont indissociables : « Sans Ameriquebecoise, Mélina Kéloufi n'est pas grand-chose. Et sans Mélina Kéloufi, pas d'Ameriquebecoise » explique l'adolescente, qui utilise déjà de façon très réfléchie les réseaux sociaux. Depuis

2011, elle blogue et elle tweete. Elle raconte ici son expérience.

« Un jour de mars 2011, alors que nous étions en salle informatique, notre professeure de français a distribué une charte tout en nous expliquant que nous utiliserions le réseau social Twitter pendant les cours. Nous ne nous y attendions pas du tout. Parmi les règles instaurées : pas de langage SMS, tweeter uniquement des choses ayant un rapport avec le travail, protection du compte conseillée... Nous étions, malgré la charte, assez libres. Chacun de nous avait son propre compte, et la prof gérait un compte au nom de la classe.

Avant d'utiliser Twitter, j'avais des *a priori*. Je m'étais fiée à ce que j'avais entendu. J'avais donc en tête que ça n'était qu'une pâle copie de Facebook. Finalement, je me suis rendu compte que j'aurais dû me méfier des on-dit. Les deux réseaux sociaux ne s'opposent pas, ils se complètent.

Voilà maintenant plusieurs mois que j'ai une utilisation personnelle de Twitter. Je suis impressionnée par la rapidité avec laquelle circulent les informations ! Ce qui m'a aussi beaucoup surprise, c'est la convivialité entre les usagers. Même s'ils ne se connaissent pas dans la vie réelle, les gens s'entraident. Tweeter rime également avec partager, et j'aime ça.

Un jour de juin 2011, j'ai décidé de me lancer – sans vraiment connaître la direction – dans la tenue d'un blog. Sans Twitter, je n'aurais jamais fait ce choix-là. Sur le réseau, tout ce qu'on écrit peut être lu par n'importe qui sur la surface de la planète et je commençais à m'y habituer. C'est en lisant les blogs de ma professeure de français et d'une amie que j'ai été tentée. En créant le mien, j'ai voulu me surpasser, essayer quelque chose de nouveau. J'ai appris à mettre un point final à un texte.

J'ai attendu plusieurs semaines avant de parler de mon blog à mes parents. Je n'ai jamais fait lire une seule de mes publications à mon père, et seulement deux ou trois à ma mère. Ils me laissent une grande liberté sur Internet parce que j'ai pu leur prouver que je suis consciente des dangers des réseaux sociaux et que je fais attention. On discute souvent de Twitter et de mon blog, ils me questionnent et je leur réponds en toute transparence. Au début ils étaient méfiants (je les comprends) mais ils ont vu que ce que je fais m'épanouit. Ça leur suffit. »

Les parents sur les réseaux sociaux

Il n'y a pas que les ados en réseau! Les parents aussi utilisent le Web social à des fins familiales, mais pas seulement. Ils sont présents sur les forums (les mères de famille y trouvent un appui souvent précieux lorsqu'elles ont des questions sur l'éducation des enfants, ou tout simplement envie de décompresser avec des copines du Net), sur Facebook, certains d'entre eux bloguent, tweetent, et se sont emparés avec bonheur du Web social.

Sylvie Clément est une grande utilisatrice des réseaux sociaux: sous son vrai nom et sous son pseudo (Oealita), elle est présente sur Twitter, Facebook, LinkedIn, Viadéo… Cette mère de famille de 5 enfants, ingénieur, adepte des jeux en ligne, s'avoue « geek » dans l'âme. Elle est également blogueuse, et à l'origine de plusieurs sites Web, dont Maximômes, consacré aux familles nombreuses, et 7surleweb, où elle a partagé son expérience de mère de famille. Elle raconte ici son expérience des réseaux sociaux.

« Twitter est plus ouvert que Facebook »

Quelle est votre utilisation de Twitter ? Quels avantages y trouvez-vous ? Comment le situez-vous par rapport aux autres réseaux ?

J'ai commencé à l'utiliser il y a 2 ans et demi, par curiosité de geek d'abord, mais aussi parce que c'était l'époque où je désirais élargir mon horizon professionnel. J'ai cherché quelques connaissances pour démarrer, quelques comptes connus aussi... et puis j'ai fait des recherches par mots-clés, pour trouver des personnes qui auraient les mêmes centres d'intérêt que moi. Ça a très bien marché ! J'y ai aussi trouvé d'autres usages au fil du temps.

Comme je m'intéresse à des sujets très variés, aussi bien personnels que professionnels, ma « timeline » reflète cette diversité. Rien n'est cloisonné, pas de thèmes, pas de barrières. J'y trouve le contact extrêmement facile et décomplexé. C'est vraiment son avantage numéro 1 : ça aide à sortir de sa bulle, et ça permet, d'un point de vue professionnel, de réseauter de façon très efficace, de se faire connaître.

Twitter m'a aussi reconnectée avec l'actualité, moi qui ne regarde jamais un journal télévisé. Les moments intenses et parfois dramatiques de l'actualité, mais aussi les grands événements comme la finale de la coupe du monde de rugby, ou simplement un programme télé qu'on commente en direct.

Il permet aussi de contacter une marque, un service client. J'ai râlé une fois contre un thé qui manquait de goût, et la marque m'a répondu pour m'inviter à l'inauguration de sa nouvelle boutique ! Une autre fois, j'ai mentionné un de mes sites qui ramait, et mon hébergeur (un prestataire technique), avec qui je suis en contact sur Twitter, m'a répondu dans les 5 minutes...

Je situe Twitter comme une blogosphère en direct, en temps réel. J'y suis les personnes dont je lis les blogs, d'ailleurs. Mais pas seulement. Je suis des personnes qui ne me suivent pas, d'autres me suivent sans que la réciproque soit vraie : on n'est pas dans un système fermé comme les autres réseaux sociaux ou systèmes de *chat*. Même s'ils essaient désormais de suivre le mouvement (Facebook permet désormais de s'abonner à quelqu'un qui n'est pas notre ami, et c'est bien pour suivre Twitter qu'il a évolué ainsi). Facebook est beaucoup plus privé, pour moi, même si une partie de mon réseau pro (en grande partie rencontré via Twitter) s'y trouve aussi. Mais uniquement des gens que j'ai déjà rencontrés dans la vraie vie. Un réseau comme LinkedIn (ou Viadeo), lui, est purement pro, et je l'utilise très peu d'ailleurs, car la conversation y est compliquée.

Comment avez-vous géré l'arrivée de Facebook chez vos aînés ?

J'ai trois grands enfants de 16, 19 et 21 ans. Celui de 19 ans n'a pas de compte Facebook, il fait son rebelle ! C'est carrément un acte engagé de sa part, une recherche d'originalité... car tous ses amis, toute sa classe, y est ! Il préfère se cantonner à MSN et Skype pour chatter avec ses amis. Il est d'un naturel introverti, ce n'est pas son genre de s'étaler en public.

Les deux autres ont un compte depuis un petit moment. Dans les deux cas, j'ai demandé à être leur amie sur Facebook, et ils l'ont accepté. Leur père y est aussi.

Certains pensent que c'est limite malsain de suivre son ado sur Facebook, mais ce n'est pas ma vision de cet outil. C'est un outil de réseau élargi, et la famille fait naturellement partie du réseau de chacun d'entre nous. Je leur ai parlé des fonctionnalités de groupes privés, leur ai expliqué que pour papoter avec leurs amis proches, se dévoiler, ce sont ces fonctions-là qu'ils doivent utiliser, et pas leur mur. Faire partie de leur réseau Facebook, c'est aussi une façon concrète de leur montrer les limites de ce qu'ils doivent y montrer. S'ils montrent quelque chose que leur mère ne devrait pas voir, c'est que ça n'a pas sa place sur leur mur semi-public. Pour ma part, je leur montre l'exemple aussi, et ne poste aucune photo de mes enfants (sauf ponctuellement, en ciblant nommément les personnes autorisées à les voir), et très peu de moi-même aussi.

Comment gérez-vous la notion de réseaux sociaux avec vos plus jeunes enfants ? Constatez-vous une différence de comportement par rapport aux aînés ?

J'ai deux enfants plus jeunes, qui ont (bientôt) 7 ans et 10 ans et demi. Je leur rappelle que Facebook est interdit aux moins de 13 ans, un point c'est tout. Si jamais

Facebook devait modifier cette règle, eh bien... on verra à ce moment-là. Mais bon, Facebook n'est pas l'endroit le plus risqué d'Internet pour l'exposition publique des enfants et des ados ! Ils sont tous inscrits sur d'autres réseaux sociaux plus ou moins affichés : ceux des jeux en ligne. C'est donc là qu'il faut surtout faire attention.

Leur approche d'Internet est assez différente de celle de mes aînés, ils sont vraiment bien plus à l'aise, et c'est logique vu leur différence d'âge. Ils s'inscrivent facilement sur un tas de sites, ont des tas de pseudos et d'avatars, et ils sont beaucoup plus « zappeurs » que les grands, qui ont leurs sites fétiches. Ils s'entraident beaucoup, aussi, c'est un usage nettement plus ouvert, plus collaboratif, ce que je trouve très bien.

Vos enfants sont-ils curieux de vos blogs ? Est-ce que ça les inspire pour créer les leur ?

Pas du tout. C'est très décevant de ce point de vue-là. Même mon aînée, une pure littéraire, n'a pas de blog. Elle a eu un skyblog quand elle avait 14 ou 15 ans, mais l'a vite abandonné. Je l'ai déjà titillée pour qu'elle se lance, mais rien n'y fait.

En revanche, ils prennent volontiers du leadership sur les sites de jeux. Mon fils de 19 ans est modérateur sur un site de quiz musical, il s'est présenté à une élection pour cela. Il prend son rôle très au sérieux. Mes plus jeunes n'hésitent pas non plus à créer des choses, participer à des compétitions ludiques, à des groupes, à s'organiser avec d'autres. Le collaboratif dont je parlais plus haut. Et là, l'exemple de mon animation de forums a été très positif pour cela. L'aspect blog/expertise les attire nettement moins, ça fait trop sérieux peut-être aussi.

Maximômes : http://www.maximomes.org/
7surleweb : http://www.7surleweb.net

Du Web au Web social

Facebook n'est pas la seule entité de socialisation en ligne. Loin s'en faut, même si elle est la plus populaire. Le Web, tout le monde connaît. Il s'agit techniquement d'une émanation d'Internet, avec sa palette d'outils tels que le navigateur ou l'e-mail pour les plus connus et les plus utilisés. Il s'est popularisé dans les années 1990 grâce à l'emploi des hyperliens, qui ont permis à toute une génération de fureter de sites en pages perso et en forums. Mais si, souvenez-vous : avant les blogs et les réseaux, on avait en face de soi, sur l'écran, des pages informatives (ou récréatives, selon le type de contenu), mais statiques. À l'époque, la seule possibilité de communiquer était par e-mail, on était connecté à un modem, pas à des gens...

Et puis vint le Web 2.0, évolution interactive de son précurseur. Historiquement, le terme est apparu pour la première fois en 2003 pour définir les nouveaux standards qui émergeaient, partage et collaboration en tête. C'est le Web que nous connaissons aujourd'hui, également appelé Web social. Oui, la technique a cédé sa place au social, à la mise en relation, au réseau.

Il n'a jamais été aussi facile de créer du contenu avec les blogs, de le partager, de nouer ou renouer des nouveaux liens avec les réseaux, de les entretenir en se tenant informés les uns les autres, de s'exprimer, de se construire une audience.

Aidons-nous les uns les autres

Aujourd'hui, tous les internautes ont la possibilité de contribuer à enrichir une encyclopédie en ligne (Wikipédia), de partager des vidéos, des liens, de donner leur avis (que ce soit pour acheter un canapé ou choisir sa destination vacances, voire pour se soigner), de consulter les avis des autres. Nous avons désormais la possibilité de devenir à la fois producteurs et consommateurs d'informations, et c'est ce qui fait la richesse de ce Web. Les outils disponibles se sont simplifiés, et créer un blog, ainsi, peut ne prendre que quelques minutes, et cela, en outre, gratuitement! On n'a jamais autant prononcé les mots diffuser, publier, rencontrer, collaborer… quel que soit l'âge des utilisateurs. Les notions d'amis, contacts, connaissances, voire fans ou abonnés, marquent les relations en ligne. On « aime », on « recommande », on « +1 » : chaque connexion est une sollicitation à la création d'un nouveau lien.

Les forces en présence

Alors bien sûr, pas évident de se retrouver dans cette avalanche sociale… Entre médias, réseaux et Web, pas facile de se retrouver dans ce paysage, qui bouge très vite, avec des outils qui arrivent, d'autres qui disparaissent. Même

les spécialistes ne sont pas forcément d'accord sur les défi-
nitions à donner.

Ce qu'il faut retenir : le Web social, ou Web 2.0, permet
de créer et de partager du contenu. On y trouve principalement des médias et des réseaux.

Quels sont les outils disponibles ? Que peut-on faire
avec ? La technologie évolue vite, les modes aussi, et les
sites apparaissent, vivent et meurent selon les évolutions.
Cependant, voici une présentation des principales forces
en présence sur le Web 2.0.

Les réseaux sociaux

Ils sont la partie la plus prisée du Web 2.0. Facebook est
bien entendu le plus connu, mais il en existe de nombreux
autres, avec chacun des fonctionnalités ou des spécificités.
Voici les principaux.

Google+

C'est le dernier-né des réseaux, également l'un des plus
attendus, puisque le géant de la recherche sur Internet,
Google, n'était pas encore présent sur ce créneau. Il innove
avec une présentation de ses relations sous la forme de
« cercles ».

LinkedIn

Né en 2004, LinkedIn compte plus de 100 millions d'inscrits, et a une vocation professionnelle. En France, Viadéo

occupe lui aussi un créneau orienté autour de la valorisation des compétences professionnelles.

Twitter

Twitter, né en 2006, est souvent défini comme le réseau de *microblogging*, en raison de la limitation du nombre de caractères (140) avec lesquels on peut s'y exprimer. Des célébrités comme Lady Gaga – la première à avoir franchi le cap des 10 millions d'abonnés ! – ont assuré à Twitter sa renommée planétaire. En France, l'outil est très prisé par les journalistes pour son caractère réactif, ainsi que par… les fans de Justin Bieber, autre star très présente sur le réseau !

Flickr

Flickr permet aux internautes d'échanger des photos et des vidéos, de créer des albums, de constituer des groupes autour d'intérêts communs.

Foursquare

Foursquare est l'un des pionniers en matière de géolocalisation : ses utilisateurs, à l'aide de *check-in*, indiquent qu'ils sont à un endroit. Utile pour prévenir ses amis, faire de nouvelles rencontres, découvrir de nouveaux endroits grâce aux recommandations des autres membres de la communauté, voire obtenir des réductions chez certains commerçants…

YouTube, Dailymotion

YouTube est, avec Dailymotion, un incontournable pour le partage de vidéos, et pour en poster aussi. Justin Bieber, l'idole des ados, a été découvert grâce à des vidéos que sa mère avait postées sur YouTube.

Habbo Hotel

À la fois jeu et réseau, cette communauté virtuelle est très prisée des 13-18 ans. Son mot d'ordre est dans l'air du temps : « Fais-toi plein d'amis, deviens célèbre ! »

MYSPACE, L'ESPACE DE QUELQUES ANNÉES...

MySpace a été l'un des premiers réseaux sociaux à monter en puissance. Créé en 2003, soit un an avant Facebook, MySpace avait au départ une vocation généraliste. Peu à peu, il a été investi par les artistes, en particulier les musiciens qui y ont vu une plate-forme intéressante pour interagir avec leurs fans. De fait, c'est ainsi que MySpace a décollé. Des chanteuses comme Lily Allen ou Cœur de Pirate ont été découvertes sur le réseau, racheté en 2005 par News Corp (Rupert Murdoch) pour 580 millions de dollars. En 2011, le réseau, qui n'a pas pu s'adapter à la montée en puissance de Facebook, a été bradé pour une somme... seize fois inférieure à celle de son rachat.

Les médias sociaux

On retrouve derrière cette appellation les plateformes grâce auxquelles on peut contribuer à créer du contenu, principalement du blogging et du wiki.

Wordpress, Blogger, Over-blog...

Ce sont les principaux sites pour démarrer un blog. Les plateformes sont aujourd'hui très accessibles, et permettent de créer très simplement et sans compétence technique particulière un blog. Wordpress abrite aujourd'hui plus de 50 millions de blogs.

Scooplt, Pearltrees

On les appelle « outils de curation ». La curation consiste à organiser du contenu. En effet, le Web social est une source intarissable d'informations, dans tous les domaines. On parle même d'« infobésité », néologisme construit à partir d' « information » et « obésité », qui reflète ce flux constant de *news* qu'offrent les réseaux. Afin d'y voir plus clair, et de se concentrer par exemple sur un domaine particulier, des outils ingénieux comme ScoopIt ou Pearltrees (d'autres existent comme Storify ou Paper.li), très emblématiques du partage et du collaboratif chers au 2.0, proposent aux internautes de regrouper des informations venant de supports divers (écrits ou vidéo), de les trier, de les organiser et de les partager. Ils sont particulièrement intéressants quand on a une passion ou que l'on souhaite suivre une actualité en particulier. Ils permettent en outre de nouer des liens avec des gens qui partagent les mêmes centres d'intérêt.

33 MILLIONS DE SKYBLOGS

Chez les ados, l'ouverture d'un blog passe généralement par le site mis en place par la radio Skyrock, initialement baptisé « Skyblog ». Même si, pour des raisons juridiques, les blogs abrités par Skyrock ne s'appellent plus officiellement des « skyblogs », ils restent emblématiques d'une certaine forme de blogging, où la phrase culte « Lâchez vos coms » (pour : venez rédiger des commentaires sur mon blog) a contribué à définir l'esprit « Skyblog », mélange de LOL et de paillettes.

Tumblr

Tumblr (mais aussi Posterous) est de plus en plus prisé pour une nouvelle forme de blog, qui fait la part belle aux images, conçu pour être alimenté facilement via son téléphone intelligent. Signe de succès, on parle dorénavant de « mon tumblr » pour désigner un blog que l'on héberge chez ce fournisseur. Barack Obama lui-même a ouvert « son » tumblr en octobre 2011 : http://barackobama.tumblr.com.

Wiki, ou l'art de la collaboration

Qui n'a pas entendu parler de Wikipédia, l'encyclopédie en ligne née grâce à la contribution de milliers d'internautes ? Elle est symbolique d'un mode de collaboration propre aux outils 2.0, le « wiki ». Ce mot d'origine hawaïenne signifie « rapide », il désigne aujourd'hui les sites que l'on peut modifier (en général après avoir installé un petit logiciel approprié). Ces sites réunissent une communauté d'experts, à même de pouvoir enrichir un contenu communautaire ou spécifique.

Chaque média social, chaque réseau a ses us et coutumes, son vocabulaire, etc. Voici comment s'en servir au mieux, pour les principaux d'entre eux : Facebook, Twitter et les blogs.

Facebook

Profil

Il existe différentes raisons de s'inscrire sur Facebook : la première d'entre elles, c'est de communiquer avec des proches. Pour ce faire, la création d'un profil est nécessaire et suffisante. Ce qu'on appelle le profil est le compte de base des individus. Lorsqu'il s'agit d'un enfant (de plus de 13 ans, puisque, rappelons-le, Facebook interdit l'accès aux moins de 13 ans), il faut veiller à ce que les paramètres de confidentialité soient sur le curseur le plus privé possible selon les possibilités offertes par le réseau.

Une fois inscrit, la personne, ou profil, pourra poster des informations sur un « mur » : c'est l'endroit virtuel où l'on donne de ses nouvelles, où les copains viennent en donner aussi.

Page

On peut aussi avoir envie de créer sa propre page Facebook. Mais pour cela, il faut avoir une raison particulière : avoir un blog, un groupe de musique, une entreprise. La page Facebook sert à informer sa communauté. Elle accueille des « fans », c'est-à-dire des personnes qui ont indiqué qu'elles aimaient cette page, qui leur délivrera des nouvelles du blog, du groupe de musique, de l'entreprise, etc. Le but pour celui qui crée sa page : réunir et animer une communauté, afin, par exemple, d'accroître sa notoriété. Attention, cela peut être à double tranchant : les marques, qui sont désormais très nombreuses à avoir leur page, peuvent aussi y être interpellées lorsque, par exemple, des consommateurs ou des internautes mécontents veulent le faire savoir. De plus en plus fréquents sont les exemples de pages ayant servi de relais à des actions de mécontentement (un « bad buzz ») des internautes. Les hypermarchés Cora ont ainsi dû, après que leur page a été inondée de commentaires, réintégrer une caissière menacée de licenciement pour une histoire de ticket de caisse.

Groupe

Le groupe, lui, peut être créé par des individus sans raison autre que celle de… créer un groupe ! Bien entendu, les groupes se créent autour de thématiques, et les échanges y sont en principe nombreux. On ne parle pas ici de « fans », mais de « membres », qui doivent au préalable demander à rejoindre un groupe. Une fois acceptés (il s'agit

généralement d'une simple formalité), ils peuvent participer à des discussions, télécharger des photos, travailler
en collaboration sur des documents du groupe, créer des
événements, etc. La variété des thématiques est immense :
un tour sur Facebook permet de rencontrer aussi bien le
groupe « j'ai trop de trucs à faire, du coup je fais rien », que
celui intitulé « "encore devant l'ordi ?" "bah, j'ai essayé derrière, on voit moins bien" »…

Twitter

Pour démarrer sur Twitter, il faut se rendre sur le site
Twitter.com. Seul préalable requis : une adresse e-mail
valide. Avant de vous inscrire, demandez-vous si vous
souhaitez tweeter sous votre nom ou sous pseudo. Une fois
inscrit, vous pouvez trouver des connaissances de votre
carnet d'adresses qui sont déjà inscrites. Cela peut s'avérer
une aide précieuse, tant être « parrainé » sur ce réseau peut
faire gagner du temps dans sa compréhension. À l'aide de
la fonction « recherche » du site, en tapant des mots-clés
qui vous intéressent, essayez de trouver des comptes à
suivre. Les médias français et étrangers ont pour la plupart
un compte. Cela peut être une première étape intéressante : en vous abonnant au *Monde* (accessible ici : twitter.
com/lemondefr, ou @lemondefr), ou à l'AFP (twitter.com/
afpfr ou @afpfr), vous verrez défiler les fils d'info, et
pourrez *retweeter* une info qui vous intéresse à vos
abonnés. Vos abonnés, justement, font tout l'intérêt de
Twitter : sans eux, pas d'audience, et sauf à considérer
Twitter comme un média à sens unique (uniquement pour
obtenir des informations, et non pour en partager), l'in-

térêt, c'est justement de pouvoir échanger, et il faut pour cela pouvoir compter sur des abonnés. Avoir un compte Twitter peut s'avérer un bon relais pour faire connaître son blog, si on en a un.

WEBSOCIALISONS EN FAMILLE !

Un enfant qui se promène sur le Web social ne doit pas être seul. Le père ou la mère doit être présent, pour accompagner, expliquer. Il faut aussi envisager le Web social comme une pratique familiale à part entière, comme du (bon) temps passé ensemble. Twitter, par exemple, peut être une activité à partager avec les plus jeunes, pour peu qu'on le considère sous son angle amusant : les avatars. À chaque compte correspond en effet un avatar, et les enfants, même ceux qui ne savent pas lire, sont très sensibles à ces représentations imagées. Cela peut d'ailleurs constituer une première approche ludique des réseaux sociaux, à commenter ensemble ces avatars qui défilent, à faire le tri parmi les plus drôles, les plus moches, etc. Cela leur permettra aussi de commencer à exercer leur œil, et à se repérer dans l'univers virtuel. En outre, au niveau complicité, c'est « +1 » comme on dit sur les réseaux !

Blog

Aujourd'hui, avoir un blog n'est plus l'apanage d'une élite technophile : ouvrir un blog prend à peu près 2 minutes. Des plate-formes comme Worpdress ou Tumblr ont permis au blog de devenir un outil aussi facile à ouvrir qu'un paquet de gâteaux. On n'en est pas encore à « une personne, un blog », mais on s'en rapprocherait presque. Souvent sous l'impulsion ou l'exemple parental, les enfants veulent aussi pouvoir s'exprimer.

D'ailleurs, si l'enfant est demandeur, c'est une très bonne idée. Je trouve que le blog est un bon exercice, qui, lorsqu'il est bien fait, permet de se poser les questions essentielles : qu'est-ce que je mets en ligne, sous quel nom, et à qui je le montre ? Le blogueur en herbe peut ainsi effectuer en douceur ses premiers pas virtuels, et vous aurez réfléchi ensemble au contenu du blog, vous en aurez parlé avec lui, vous aurez défini ensemble vos propres paramètres familiaux afin que le petit blogueur puisse devenir autonome. Il existe des plate-formes qui sont réservées aux enfants (CanailleBlog par exemple, dont l'interface graphique, simple et plutôt ludique, a été conçue pour plaire aux moins de 13 ans). La limite de ce genre d'outils ? Le fait de regrouper, justement, des enfants : cela risque de lasser assez vite l'enfant qui a envie de grandir et de s'ouvrir au monde. Il existe d'autres interfaces simples d'accès, comme Tumblr. Cette dernière rencontre un succès grandissant.

Il suffit de quelques minutes pour ouvrir « son » Tumblr. Les options de paramétrage permettent de rendre le contenu privé et de verrouiller l'accès. Toutefois, le but d'un blog, surtout s'il est consacré à une passion grand public, est de partager, voire de se faire connaître. Réfléchissez avec l'enfant sur l'objectif du blog, sur ce qu'il souhaite en faire, du moins au début, car l'avantage avec le virtuel, c'est que rien n'est jamais définitif... Si l'accès est public, veillez en revanche à modérer les commentaires, ne serait-ce que pour éviter les spams.

Les parents racontent

Chez les parents des années 2010, il faut reconnaître que le Web social intrigue, quand il n'effraie pas.

Marine, maman d'un garçon de 13 ans

« J'ai appris par une amie que mon fils de 13 ans était sur Facebook ! Il ne m'a pas demandé la permission… Moi je n'y suis pas, ça ne m'intéresse pas. J'ai vérifié avec lui qu'il n'y avait rien de compromettant, et j'ai décidé de lui faire confiance : il avait créé un blog avant, et ça s'était bien passé. »

Caroline, maman d'une fille de 13 ans

« N. nous réclamait son compte depuis qu'elle avait 12 ans. On n'était pas du tout d'accord et on a tenu bon un an. Et puis est arrivé le secondaire. Là, impossible de résister, on a dit ok, et en un mois, notre fille avait une bonne centaine d' "amis". Difficile de contrôler ce qu'il s'y passe. Je n'en ai pas forcément envie non plus. Je surveille qu'elle n'y passe pas trop de temps. Pour le reste, je lui ai expliqué qu'elle ne devait rien dévoiler de personnel. Mais en tant que parent, c'est un terrain nouveau et inconnu : je n'ai pas de repères pour savoir quelle conduite adopter, quels conseils donner... »

Véronique, maman d'une fille de 15 ans

« Facebook a été l'objet de longues négociations à la maison. Et c'est toujours l'objet de négociations. Je ne suis pas spécialement rassurée par ce que j'entends ou lis tous les jours à propos du réseau. Alors j'ai décidé de m'y mettre : je me suis inscrite sur Facebook. Je ne suis pas amie avec ma fille (de toute façon, elle ne voudrait pas !), mais au moins, j'ai une idée un peu plus précise de ce qu'on peut y faire. »

Sophie, maman de deux enfants de 18 et 22 ans

« Le Web social, je l'ai testé surtout avec ma fille qui, en Cinquième, avait créé son blog comme une grande partie de ses copines (c'était plutôt un truc de filles, le blog au collège) puis, avant Facebook, a été accro à MSN. C'était pile poil l'ambiance du film *LOL* avec Sophie Marceau. Elle m'a regardée de travers quand j'ai commencé à face-booker... et m'a refusée comme amie ! »

Stéphanie, maman d'une fille de 17 ans et d'un garçon de 19 ans

« Ma fille de 17 ans est sur Facebook, mais ne veut pas entendre parler de Twitter, c'est le "truc de sa mère" donc beurk ! Mon fils de 19 ans, en revanche, est sur Twitter. Il peut échanger avec d'autres passionnés d'informatique comme lui, prospecter pour se trouver un stage... et on se suit mutuellement (ce qui n'est pas le cas sur Facebook). C'est une autre façon d'avoir un œil sur ce que l'autre échange, et parfois aussi un support sympa pour se taquiner ! »

Hélène, maman de deux garçons de 10 et 12 ans

« Le petit *chatte*, le grand s'amuse avec ses statuts. Sinon, ils jouent beaucoup avec les jeux et utilisent l'application Spotify, par exemple, avec laquelle ils écoutent de la musique. Le plus petit arrête sans problème tandis que le plus grand est plus accro... La vraie vie est incontournable, elle n'est pas remplacée par le virtuel. Simplement, quand ils sortent de la relation réelle, ils la poursuivent par une relation virtuelle. »

Franck, papa de M., 13 ans

« Je crois qu'il faut vivre avec son temps... Je suis moi-même sur Facebook, je ne vois pas au nom de quoi j'aurais refusé ça à mon fils. J'ai accepté que M. ouvre son compte à la condition expresse qu'on le fasse ensemble, et qu'il respecte certaines règles : temps limité (1 heure le mercredi et 1 heure le samedi) ; pas de photos, de lui ou d'autres ; interdiction formelle de laisser un numéro de téléphone ou une adresse ; et ne pas accepter n'importe qui comme ami. Pour le moment, à quelques anicroches près, ça fonctionne... »

Virginie, maman de S. et J., 10 ans

« J'ai des jumeaux de 10 ans, et c'est une double lutte à la maison : j'estime qu'ils sont bien trop jeunes. Facebook est interdit avant 13 ans, ils n'auront pas de compte avant 13 ans. Ils essaient de me faire le coup "On est les seuls de la classe à pas l'avoir, c'est trop la honte !", mais je sais très bien que ce n'est pas vrai. Je ne vois pas très bien ce que des enfants de 10 ans iraient faire sur ce réseau. Mais par moment, quand on aborde le sujet, j'ai l'impression que dire "non" à Facebook, c'est un peu déclencher une Troisième Guerre mondiale ! »

Fabienne, maman de E., 8 ans et de M., 4 ans

« Ma fille a accès à l'ordinateur familial, jusqu'à maintenant à des jeux que j'avais soit téléchargés sur Internet et mis sur le bureau, soit achetés sous forme de disque. Depuis que je l'ai découverte un dimanche matin en train d'essayer "d'acheter des poupées Barbie" sur un site appelé Bimboland, j'ai eu peur et nous avons eu une longue conversation pour lui expliquer pourquoi elle ne doit pas faire ça toute seule. La consigne, c'est qu'elle ne doit jamais chercher quelque chose elle-même sans que l'un d'entre nous soit à côté. Pour l'instant, c'est suffisant. »

Juliette, maman de E. 7 ans, H. 5 ans et I. 1 an

« Quand ils étaient plus petits, j'autorisais mes deux "grands" à naviguer sur des sites ludiques et éducatifs. Mais aujourd'hui, nous avons pour le moment supprimé l'accès à l'ordinateur, car ils raffolent des sites publicitaires vus à la télé et sur les paquets de gâteaux et de bonbons... »

OBJECTIF :
CONFIANCE NUMÉRIQUE

Investir les réseaux sociaux n'est pas un acte anodin. Cela engage l'internaute dans un processus relationnel plus élaboré que « dans la vraie vie », dans la mesure où la totalité des échanges se font sur le mode écrit. « Les paroles s'envolent, les écrits restent » : le proverbe n'est pas nouveau... Nous laissons des traces. En soi, cela n'a rien de gênant si ces traces sont positives, et si elles sont consenties et volontaires. Bien maîtrisées, ces traces écrites peuvent même devenir une caisse de résonance formidable pour donner vie à des projets, trouver du travail ou nouer des amitiés qui n'ont rien de virtuel. Le Web social est un moyen d'expression fascinant, y compris pour les enfants, mais pas pour y faire n'importe quoi, ni tout seul... comme, si l'on y réfléchit bien, avec n'importe quel outil.

S'inscrire sur Facebook, se servir de Twitter ou tenir un blog ouvre des perspectives formidables, que ce soit en matière d'éducation, de communication ou de loisirs, mais cela implique de maîtriser ces outils pour en tirer le meilleur parti.

Un parent doit désormais ajouter à ses responsabilités celle d'accompagner son enfant sur le Web social, et de l'aider à y faire et trouver sa place. Pour ce faire, les pères et les mères doivent pouvoir comprendre ce qu'il est possible de faire ou de ne pas faire, comprendre que oui, les mauvaises rencontres sont possibles, mais qu'elles sont évitables, savoir que les enfants, pour peu qu'on les responsabilise, et que l'on accepte, aussi, de « ne pas les élever sous cloche » – pour reprendre les termes de mon médecin généraliste –, disposent, avec les réseaux sociaux, de quoi, peut-être, assurer leur avenir. En tout cas de vivre avec leur temps.

Mauvaises rencontres

Les blogs, forums, ou autres comptes Facebook sont des ouvertures sur le monde. Le monde, virtuel ou non, est divers : que l'on soit en ligne ou dans la rue, les possibilités de croiser la route de pervers ou de détraqués en tous genres existent. Elles inquiètent plus particulièrement en ligne parce que les « prédateurs » peuvent effectivement se faire passer pour quelqu'un d'autre en s'abritant derrière une fausse identité et des propos trompeurs.

Contenu choquant

On appelle « contenu choquant » tout contenu (écrits, images) susceptible de traumatiser les enfants, en particulier des vidéos ou des images violentes ou à caractère pornographique. Les propos lus peuvent aussi être choquants, lorsqu'ils contiennent des injures, des menaces, du racisme... Le fonctionnement en hyperliens, et la fonction de « partage » encouragée sur les réseaux, multiplie la probabilité de croiser ce type de contenu. Selon l'étude TNS-Sofrès publiée en juin 2011, 33 % des 8-17 ans ont déjà été choqués par du contenu en ligne.

Cyberharcèlement

C'est le problème numéro 1, qui agite les médias et les autorités, et préoccupe les parents et les enfants : se faire insulter sur Facebook, voire être harcelé ou victime d'une usurpation d'identité (quelqu'un, généralement mal intentionné, «emprunte» une identité et s'en sert pour créer des conflits ou régler des comptes). Désormais, les rivalités dans les cours de récré se prolongent en ligne et vice versa. Réel et virtuel sont imbriqués et enveniment parfois des relations déjà problématiques. Des bagarres éclatent parfois «en vrai» après que des insultes ont été échangées sur un réseau.

Consommateur non averti

On en parle peu, mais c'est pourtant l'un des risques les plus avérés : faire de nos enfants de parfaites cibles marketing et transformer leur présence en ligne en un acte de consommation, parfois à leur insu, en récupérant et en utilisant leurs données personnelles. Il faut savoir qu'en moyenne, un utilisateur de Facebook, aux yeux des investisseurs, est valorisé à plus de 130 dollars. Plus les marques pourront obtenir de données, plus un utilisateur pèsera lourd et sera courtisé...

Devenir accro

Le Web social a un côté addictif : il peut être très tentant de passer plusieurs heures par jour sur Facebook et consorts pour y raconter sa vie (ou voir passer celle des autres). Selon une étude réalisée par la Mission TICE de l'Académie de Versailles, les 15 ans et plus passent en moyenne plus de 3 heures en ligne par jour. Il existe même des groupes Facebook autour de cette thématique, dont certains ont une vision au deuxième degré des choses : « Tu passes des heures sur Facebook mais tu n'y fais rien. »

Et comme on peut aussi tout faire sur le Web social, y compris jouer, les activités virtuelles deviennent vite chronophages. D'où cette impression que les jeunes sont accros, alors que le temps virtuel s'additionne au temps réel.

Éviter les risques

Ne nous faisons pas d'illusions : les enfants d'aujourd'hui auront une vie numérique. Ils ont déjà d'ailleurs pour la plupart une vie numérique. Grâce à qui ? À leurs parents ! Selon une étude publiée fin 2010, plus de 80 % des bébés ont une « empreinte numérique », autrement dit, ils ont déjà une présence sur le Web social, principalement par des photos postées sur Facebook ou des forums. Environ 2 % des nouveau-nés disposent même déjà de leur propre profil Facebook… Pour déjouer les risques inhérents à toute relation humaine, virtuelle ou non, et profiter au mieux du côté social de ce Web 2.0, il faut pouvoir guider nos enfants. Les accompagner. Les éduquer. Et donc connaître cet univers pour reprendre la main. Et mieux se servir du clavier.

Le temps moderne : patience et longueur de temps…

Contrairement à une idée ancrée dans l'esprit des parents, mieux connaître le Web social n'implique pas forcément des compétences techniques insurmontables : l'accès aux réseaux n'a en soi rien de compliqué de ce point de vue. La preuve : les enfants, par définition des êtres en devenir et en apprentissage, y vont de plus en plus jeunes.

En revanche, il y a un point essentiel que tout parent doit avoir en tête : utiliser intelligemment les outils sociaux prend du temps. Car oui, élever un enfant, numériquement ou non, demande du temps et de l'énergie. Souvenez-vous, quand votre enfant est né, vous en avez passé, des heures, à comprendre le fonctionnement d'un siège d'auto, à choisir le meilleur modèle, à vous renseigner auprès d'autres parents. Faites de même avec le Web social : votre enfant a certes grandi, mais cela n'empêche pas de vous renseigner, d'essayer de comprendre le fonctionnement de cet univers…

Il faut donc accepter de passer quelques heures à lire – ou au moins essayer de cerner – les conditions générales d'utilisation, les CGU pour les initiés, ces longues phrases que l'on zappe généralement, règles édictées par Facebook et consorts pour utiliser leurs outils, et qui font office de lois.

Il faut accepter de passer de longs moments à lire des tweets ou du contenu sur des blogs pour déchiffrer les usages et comprendre les avantages que l'on peut en tirer et leur mode de fonctionnement.

Il faut accepter de passer quelques heures dans les méandres de YouTube, de Dailymotion, de certains forums pour déchiffrer les usages et les tendances.

Il faut, surtout, accepter de passer quelques heures avec son enfant derrière les écrans pour parler avec lui, le guider dans ce qu'il ne comprend pas, lui expliquer ce qui se passe ou ce qui peut se passer. L'enfant doit sentir qu'il peut, s'il en a besoin, compter sur ses parents dans toutes les situations. Et les parents doivent sentir qu'ils peuvent laisser leur enfant se balader sur les réseaux en toute confiance. Comme dans la vie réelle…

« Un petit clic vaut mieux qu'un grand choc »

On l'a vu, le Web social est souvent perçu par les parents comme une source d'angoisse. Alors dans le message que les parents relaient à leurs enfants, la modération n'est pas souvent de mise, faute de connaissances suffisantes et de recul nécessaire. Pourtant, il existe une analogie assez simple : celle de la ceinture de sécurité. Aujourd'hui, personne ne conteste son utilité, malgré ses débuts controversés et mal acceptés car contraignants. Il en va de même pour l'éducation aux réseaux : il s'agit simplement de permettre aux enfants de voyager confortablement dans le monde virtuel, en sachant que des accidents peuvent arriver, mais qu'ils seront amortis grâce à la prévention.

Stratégie de l'angoisse contre vertus de la pédagogie : certains enfants acceptent difficilement, du moins au début, de mettre une ceinture. Pour les convaincre plus facilement, certains parents insistent en mettant en avant la peur du policier : « Si tu ne t'attaches pas, tu te feras arrêter par la police. » Alors que le plus efficace à long terme, c'est bien entendu d'expliquer pourquoi il faut attacher sa ceinture – afin d'être protégé en cas de choc.

Sur le Web social, c'est pareil : on peut choisir de mettre en avant les mauvais côtés « Si tu y vas, tu vas rencontrer des gens méchants », qui n'empêcheront pas les enfants d'y aller, mais les angoisseront et les culpabiliseront.

On peut aussi choisir aussi d'expliquer pourquoi il faut être prudent quand on se connecte. Pour paraphraser un vieux slogan publicitaire de la sécurité routière, « un petit clic vaut mieux qu'un grand choc » !

PAS D'ADULTOMORPHISME !

Il faut, autant que faire se peut, éviter de tomber dans « l'adultomorphisme » : nous n'avons pas la même vision des choses que nos enfants. Ce qui nous paraîtra choquant ne le sera peut-être pas à leurs yeux et vice versa, question de génération, de culture. Maintenez le dialogue autant que possible.

Construire son identité numérique

Quand on se promène sur le Web social, quand on utilise les réseaux, quand on publie du contenu, on le fait généralement en son nom. Mais quel nom ? Facebook a érigé en règle d'or que tout nouveau venu sur son réseau s'inscrive sous son identité réelle. Il menace de fermeture tout compte détecté comme ayant été ouvert sous un faux nom. Google+, le réseau social de Google, a également insisté sur ce point. Quand un enfant s'inscrit sur Facebook, il le fait donc logiquement sous son vrai nom. « Si je veux que mes amis me retrouvent, il faut bien que je mette mon nom ! » explique Anna, 14 ans. C'est un fait. Et une réalité : 92 % des 8-17 ans ont ouvert un compte sous leur véritable identité (source sondage TNS-Sofrès, juin 2011).

Ce n'est pas parce que l'on est abrité derrière un écran que l'on peut écrire n'importe quoi : les écrits restent, et longtemps, stockés dans les serveurs du Net qui font de plus en plus office de mémoire.

Surexposition

Expliquez à votre enfant que tout ce qu'il poste en son nom, sur Facebook ou ailleurs, l'expose davantage que dans la vraie vie : les connexions y sont plus nombreuses, les répercussions y sont donc plus importantes, et la présence plus longue, notamment grâce aux moteurs de recherche qui stockent les données. Effectuez avec lui une recherche sur Google de son nom, pour voir ce qui se dit sur lui. N'oubliez pas de regarder aussi dans Google images !

La bonne réputation

Apprenez-lui également qu'il peut tirer profit de cette exposition pour se construire une « réputation » : s'il a une passion, il peut très bien, par un blog par exemple, se positionner comme un « expert », ou en tout cas comme un référent dans son domaine, et enrichir ses connaissances. Sarah, 18 ans, a ouvert son premier blog quand elle avait 14 ans, autour du thème des animaux, sa passion. Peu à peu, elle a noué des amitiés virtuelles sur son blog et les visites de plus en plus nombreuses qu'elle a reçues. Elle a fini par abandonner son blog faute de temps, mais si elle est aujourd'hui en école préparatoire à une école vétérinaire, elle estime qu'elle le doit en partie aux échanges qu'elle a construits grâce à son site.

Du bon usage d'un pseudo

Apprenez-lui à faire un bon usage du pseudo : si votre enfant souhaite se défouler en ligne (les réseaux, c'est aussi fait pour se détendre !), conseillez-lui l'utilisation d'un pseudo, en particulier sur les messageries instantanées telles que MSN ou sur les sites communautaires, quels qu'ils soient. Expliquez-lui que ce pseudo participe aussi de son identité numérique, et que cela ne le dispense pas de se comporter correctement.

Gérer ses données personnelles

Les données personnelles, c'est tout ce que l'on demande aux internautes, jeunes ou moins jeunes, pour se connecter : nom, adresse, coordonnées, adresse e-mail, téléphone, âge, goûts, voire opinions politiques ou religieuses (que l'on appelle « philosophie » chez Facebook). Tout ce qui définit quelqu'un, et qui, si elles peuvent être utiles pour réunir autour de soi une communauté en fonction de ses goûts ou de son lieu d'habitation, peuvent être utiles aux personnes mal intentionnées, mais surtout aux marques, avides de récupérer toutes ces précieuses données pour mieux cibler leurs consommateurs. Il faut apprendre aux enfants à ne jamais divulguer leur adresse, électronique ou réelle, leur numéro de téléphone ou leur date de naissance. C'est le B.A.-BA. Il faut leur apprendre à savoir dire non quand Facebook ou une marque les incite à divulguer encore davantage leurs habitudes : ce n'est que pour mieux les transformer en cibles marketing…

Le blog pour démarrer

Nous sommes de plus en plus incités à transférer des éléments de notre vie privée sur le Web social. Il faut veiller à ce que les enfants apprennent dès leur plus jeune âge à ne pas tout raconter ni publier. Un excellent exercice afin de mettre en pratique ce savant dosage entre vie privée et vie publique consiste à créer un blog. Cela permet de se poser, avec l'enfant, les bonnes questions : est-ce que je donne mon nom ? mes coordonnées ? qu'est-ce que je publie ? à qui je le montre ?

Droit à l'oubli ?

On en parle beaucoup, mais de quoi s'agit-il ? Pour résumer, il s'agit de légiférer pour proposer la possibilité aux internautes d'effacer certains contenus. Mais techniquement, ce « droit à l'oubli » est quasi impossible à mettre en place. La solution pour le moment : être un internaute responsable et conscient que ses propos peuvent être repris, transférés, partagés, et ce, pour longtemps.

Il faut pa-ra-mé-trer !

L'ouverture d'un compte sur Facebook en particulier, mais en général sur tout site de partage, est une invitation à plonger dans les « paramètres de confidentialité ». Sous ce vocable peu avenant se cache la possibilité – l'obligation ! – de gérer ses données personnelles. Tout inscrit à un réseau doit se poser cette question, et pouvoir y répondre : qu'est-ce que je montre, et à qui ? Facebook, dont l'accès est en théorie interdit aux moins de 13 ans, applique une politique spécifique aux mineurs. La voici, telle quelle, reprise du site (avec, aussi, ses fautes de français, le tout étant traduit de l'anglais) :

« Tant qu'ils n'ont pas atteint l'âge de 18 ans, les mineurs ne peuvent pas avoir de profil public (pour les moteurs de recherche) et ce qu'ils publient ne peut être vu comme par leurs amis, les amis de leurs amis, et les réseaux auxquels ils appartiennent, même lorsque c'est le paramètre Tout le

monde qui a été appliqué. Cela ne s'applique pas à leurs nom, image de profil, sexe et réseaux, qui peuvent être vus par tout le monde, et ce, pour permettre aux amis du monde réel de les retrouver facilement. »

En clair : si quelqu'un tape le nom d'un mineur sur un moteur de recherche, son profil Facebook n'apparaîtra pas. Seuls ses amis et les amis de ses amis, à moins d'une indication contraire, ont accès au mur de l'ado. En revanche, son nom, la photo qui lui sert de profil, son sexe et les groupes Facebook ainsi que ses préférences apparaîtront à tout utilisateur de Facebook. Voilà pour les paramètres par défaut. S'il ne l'a pas fait, paramétrez avec votre enfant son compte de manière à ce que tout son contenu ne soit accessible qu'à ses amis.

N'hésitez pas à vérifier de temps à autres que les paramètres n'ont pas changé : Facebook en particulier s'arroge le droit de les changer sans forcément prévenir ses utilisateurs...

Devenir son propre éditeur

Le paramétrage Facebook est une invitation à la réflexion sur nos liens avec autrui, en particulier sur la notion d'amitié. Pour éviter par exemple que les photos publiées ne circulent à la vitesse grand V, veillez à ce que le contenu publié par vos enfants ne soit accessible qu'aux « amis ». Apprenez-leur à se servir des listes, qui permettent de contrôler ce que l'on souhaite publier, et à qui. Les ados d'aujourd'hui ont semble-t-il pris conscience de ces différentes sphères de publication. Les ados de demain vont maîtriser les subtilités de la publication en ligne, et devenir de véritables éditeurs d'eux-mêmes.

> Qui a dit que les plus jeunes étaient inconscients sur le Web ? Selon l'enquête TNS-Sofrès de juin 2011, en moyenne, les adolescents sont plus conscients des enjeux de protection de la vie privée que leurs parents ! Normal, ils pratiquent davantage... : 81 % des plus de 13 ans ont modifié les paramètres de confidentialité de leur compte. C'est d'ailleurs une réalité : la plupart des profils d'ados aujourd'hui sur Facebook ne sont pas consultables si l'on ne fait pas partie de leurs amis. Le chiffre tombe à 51 % chez les moins de 13 ans.

Tu veux ma photo ?

Facebook propose une fonctionnalité très prisée des ados : la possibilité de taguer une photo, c'est-à-dire de donner des informations sur les personnes ou les lieux photographiés, que l'on verra apparaître en passant sa souris dessus. Regarder les photos et les taguer et guetter si l'on a été tagué font partie des activités favorites des ados en réseau.

Toutefois, il faut bien avoir en tête que Facebook n'est pas un lieu clos. C'est un espace ouvert, un réseau social, donc par définition un lieu de rencontres, de partage, où le mot « privé » n'a absolument aucun sens. Tout ce qui s'y publie, quels que soient les paramètres sélectionnés, peut être facilement dupliqué et difficilement effacé. Toute trace, qu'il s'agisse d'écrits ou d'images, doit pouvoir être assumée sur la durée : autant dire qu'il vaut mieux limiter les publications à des statuts anodins. Pour tout ce qui concerne la publication de photos, expliquez à vos enfants qu'avant de publier une photo de leurs copains, ils doivent leur demander leur accord. La publication d'une photo sur Facebook, et sur Internet en général, relève du droit à l'image, régi par l'article 3 du Code civil du Québec.

Nous devons apprendre à nos enfants numériques à réfléchir autour de la publication de leurs écrits et images, ils doivent apprendre à s'auto-censurer et veiller à ne publier que des éléments qui ne les mettront pas en porte-à-faux plus tard. Le meilleur moyen, c'est d'en parler avec eux, de ne pas dramatiser la situation, mais de leur expliquer avec des exemples simples que toute publication en ligne, en particulier des photos, ne se limite pas à l'instant présent, ni au cercle des intimes... ce mot n'ayant aucune signification sur Facebook.

DES FAILLES DANS LA SÉCURITÉ

Des annonceurs publicitaires ont pu avoir accès aux données personnelles des utilisateurs de Facebook pendant plusieurs années, jusqu'à ce qu'un éditeur de logiciels de sécurité ne trouve la faille. Les marques ont ainsi pu non seulement picorer sans problème les données personnelles, mais aussi accéder au contenu mis en ligne par des millions d'utilisateurs. Facebook a annoncé avoir colmaté cette fuite.

Gérer son temps

C'est une des principales sources de conflit au sein des familles : la gestion du « temps écran ». Quand l'ordinateur est familial, chacun se dispute sa part du disque dur, sachant que les enfants en sont très friands. Plus ils grandissent, plus ils y passent de temps, et plus les querelles sont fréquentes. Valérie, maman de Lucie, 16 ans et Charlotte, 14 ans, raconte son « combat » quotidien pour que ses filles respectent les consignes : « J'ai limité leur temps de connexion Facebook à une heure par jour, et j'exige que les devoirs soient faits avant. La grande a son ordinateur portable et travaille dans sa chambre. Charlotte doit pour le moment, à son grand regret, se contenter de l'ordinateur familial. Je suis obligée très souvent de hausser le ton. Lucie joue beaucoup sur Facebook, et j'ai parfois l'impression qu'elle est accro. Alors oui, le climat est parfois tendu à la maison. »

Anticiper

Tant que l'on peut, l'idéal est d'anticiper : apprendre dès la plus tendre enfance à limiter le temps passé devant un écran, en expliquant bien que l'ordinateur, c'est formidable, mais qu'il faut savoir faire autre chose. Ou fixer un jour de consultation, et s'y tenir. Proposer des activités « compensatrices », et faire accepter aux enfants l'idée qu'il y a un temps de connexion, au même titre qu'un temps pour manger, dormir, faire les devoirs ou se promener.

Des programmes pour limiter

Si vraiment vous avez l'impression que l'enfant ne s'en sortira pas tout seul et qu'il ne vous écoutera plus, sachez qu'il existe des programmes qui limitent le temps de connexion sur Internet.

Un code d'accès

Vous pouvez également installer un code d'accès à l'ordinateur : l'enfant doit vous demander la permission pour se servir de l'ordinateur, vous pouvez ainsi mieux contrôler sa présence en ligne. Cela lui montre aussi que l'ordinateur n'est pas un objet anodin, et qu'il ne peut pas le « consommer » comme bon lui semble.

Gérer ses émotions

On a parfois l'impression que l'écran abrite, protège. Il n'en est rien. Les émotions traversent les écrans. Les bonnes comme les mauvaises. La joie comme le dépit, la fierté comme l'énervement, la surprise comme la peur. Toutes ces émotions peuvent être au rendez-vous, au détour d'une vidéo rigolote ou au contraire violente, à la lecture de propos qui nous concernent, à la découverte de notre image là où on ne l'attendait pas. Les enfants sont, et seront, confrontés à ces émotions, car elles font partie de la vie. Le mieux est de les prévenir qu'ils risquent parfois de croiser des choses qui les blesseront peut-être, les feront réfléchir, les secoueront d'une manière ou d'une autre. Que s'il s'agit d'une vidéo, rien ne les oblige à la visionner jusqu'au bout ; que s'il s'agit d'une conversation pénible sur une messagerie, ils peuvent abréger cette conversation, et surtout, que s'ils ont besoin de parler d'un contenu qui les a gênés, ils peuvent vous en parler. C'est encore le meilleur moyen de faire retomber la pression.

Expliquez à vos enfants qu'un simple lien hypertexte, sous des dehors anodins, peut recéler un contenu choquant. Apprenez-lui à ne pas cliquer à tout vent, sans retenue, en essayant de savoir d'où vient le lien, sachant que certains liens peuvent contenir des virus malveillants.

GARE AUX FAKES SUR YOUTUBE

Emma Defaud, journaliste, auteur du blog Mauvaise mère, raconte sur son site une mésaventure très 2.0 : alors qu'elle avait installé son fils de 5 ans devant YouTube sur l'ordinateur familial pour qu'il puisse regarder ses dessins animés préférés, elle a eu la désagréable surprise de tomber sur un fake de Dora, une parodie qui détourne l'univers de l'héroïne des enfants dans un univers... moins glamour. « Pas la peine de tenter de se réfugier dans une autre série, presque chacune à sa parodie » raconte-t-elle sur Mauvaise mère. Les fakes peuvent se cacher là où on ne les attend pas, raison de plus pour rester vigilant.

www.mauvaisemere.fr

Mon enfant a moins de 13 ans

C'est écrit clairement chez Facebook : l'ouverture d'un compte est réservée aux plus de 13 ans. Il faut donner sa date de naissance lors de l'inscription. Si celle-ci indique que l'utilisateur a moins de 13 ans, le site affiche alors un sobre « Vous ne remplissez pas les conditions nécessaires pour vous inscrire à Facebook ». Bien entendu, les petits malins de moins de 13 ans qui veulent s'inscrire peuvent le faire assez facilement : il suffit d'une adresse e-mail valide... et de tricher sur leur date de naissance. Ils seraient même 20 % de cette tranche d'âge à avoir déjà un compte. Des groupes se revendiquent expressément comme tel (par exemple « ceux qui on moins de 13 ans et qui sont quand même sur Facebook », sic). Selon des chiffres non officiels, Facebook fermerait chaque jour plus de 20 000 comptes qui ne correspondent pas aux critères. Un jeune enfant non encadré sur le réseau risque de devoir faire face à des émotions difficiles à gérer pour lui, et de ne pas paramétrer correctement son compte. Parlez-en avec lui.

Mon enfant a ouvert un compte sans me le dire

La plupart du temps, l'ouverture d'un compte se fait avec l'accord des parents. Mais il arrive que des ados ouvrent un compte sans en parler à leurs parents. Pas forcément par volonté de leur cacher, mais de plus en plus parce que l'ouverture d'un compte Facebook leur paraît aussi naturelle que de parler avec leurs copains dans la cour de récré, et qu'on ne va pas en faire tout un plat... L'idéal est bien sûr d'avoir évoqué le sujet auparavant en famille, et d'avoir posé vos conditions. Mais si vous êtes mis devant le fait accompli, expliquez-lui les règles, et rappelez-lui que s'il veut obtenir votre confiance, il doit vous en parler. Question de respect mutuel, et de bon sens : quand il se connecte de chez vous, c'est un peu comme s'il invitait tous ses amis à la maison...

Mon enfant ne veut pas être « ami » avec moi sur Facebook

Doit-on ou non être « ami » avec ses enfants ? Il n'existe pas de réponse toute faite. Certains parents insistent sur ce point, et conditionnent ainsi l'inscription de leur progéniture. Si les relations sont bonnes dans la famille, elles seront bonnes aussi en ligne...

Si l'enfant est très jeune, vous pouvez insister sur votre présence à ses côtés, en lui expliquant qu'il n'est pas question de le policer, mais de vérifier, de temps à autre, qu'il n'y a pas de problème sur son mur.

S'il est plus mature, et que vous avez fait votre devoir de e-parent en parlant avec lui, faites-lui confiance, et surtout, acceptez qu'il ait sa vie privée en ligne...

SURVEILLER, PAS ESPIONNER

Avec les ados qui donnent l'impression de livrer dans la sphère publique de plus en plus leur vie privée, la tentation peut être grande pour les parents de jeter un œil pas forcément bienveillant sur les traces laissées par leurs enfants sur Internet. Dans la mesure où il vaut mieux prévenir que guérir, jouez franc jeu avec vos enfants, et prévenez-les que de temps à autre, vous jetterez un œil sur leurs écrits, Facebook ou autres. Consultez l'historique de navigation, et si vous constatez des « errements », parlez-en avec votre enfant. Surveiller son enfant est légitime, l'espionner l'est moins.

On trouve une photo indélicate de mon enfant sur le Web

Le droit à l'image s'applique également sur le Web social : il faut l'accord d'une personne pour publier son image.

Il arrive que des copains postent une photo sur leur blog, sur leur mur, sans en avertir celui qui est sur la photo. Si vous tombez sur une de ces photos et que votre enfant et vous souhaitez qu'elle disparaisse, commencez par contacter la personne qui a publié ces photos, et demandez-lui poliment de supprimer cette photo. La plupart du temps, cela suffira.

Si cela ne suffit pas, il est possible sur Facebook de cliquer sur un bouton « signaler cette photo », pour faire remonter le problème aux services du réseau. Mais attention, « détaguer » une photo – supprimer la mention de son nom d'une photo – ne signifie pas la supprimer définitivement : Facebook la supprime du site, mais la conserve sur ses serveurs.

Que faire en cas de cyberharcèlement ?

Lorsque l'enfant est victime d'attaques et d'insultes en réseau, si cela vient de l'école (voire de la classe), il faut prévenir le personnel enseignant.

Si cela se passe sur un blog, contacter l'administrateur du blog, et si le problème persiste, prévenir la société qui fournit les services (par exemple Skyrock blog, Over-blog, etc.).

Dans les cas les plus graves, l'aide de la police pourra s'avérer utile. Veillez dans ce cas à conserver toutes les traces en faisant des captures d'écran.

POURQUOI FACEBOOK EST-IL INTERDIT AUX MOINS DE 13 ANS ?

Mark Zuckerberg, le fondateur de Facebook, aimerait pouvoir ouvrir son réseau aux moins de 13 ans, officiellement pour leur permettre de s'initier aux joies du réseautage et faire en sorte qu'ils puissent devenir des ados responsables en ligne. Mais aux États-Unis, les sites Web sont soumis au COPPA, Children's Online Privacy Protection Act, une loi qui protège les mineurs en leur refusant l'inscription sur un site recueillant leurs données personnelles avant l'âge de 13 ans.

Vive le Web social !

Ils pratiquent le Web social avec des enfants. Retour d'expériences.

Tweeter dès le primaire, c'est possible !

Jean-Roch Masson est instituteur à Dunkerque. Depuis 2010, il se sert de Twitter dans sa classe de primaire comme support pédagogique pour l'écriture et la lecture. Mais pas seulement !

Quels sont les avantages de l'outil Twitter pour des élèves de primaire ?

En termes de production d'écrit, la motivation de l'utilisation de Twitter fonctionne pleinement. J'exerce depuis 10 ans au primaire, et c'est la première année que tant d'élèves veulent écrire : ils mettent du sens, savent qu'il y aura des lecteurs, et donc y voient, je pense, une certaine reconnaissance de leur travail, autre que l'unique évaluation de l'enseignant. J'ai par exemple une élève qui a du mal à entrer en lecture mais qui persiste à vouloir écrire, et qui y arrive ! Et quelle fierté pour un élève lorsque son message est retweeté, parfois à des milliers de lecteurs !

Ce qui m'a le plus frappé, c'est que Twitter m'a permis d'emmener la classe en dehors des murs de l'école : des enfants se sont en effet créé un compte personnel à la maison, avec l'aide et le regard de leurs parents, et c'est un prétexte pour écrire sans que ce soit un « devoir » demandé par l'école. Lorsque je lis ces élèves qui ont l'envie d'écrire, je me dis que j'ai fait la part la plus importante de mon métier !

Comment les élèves réagissent-ils ?

Comme toute situation innovante, les enfants se sont investis dans l'utilisation de Twitter avec plaisir. Très rapidement, ils ont maîtrisé l'outil (bien plus vite que les adultes), et j'ai accompagné leurs découvertes d'une éducation aux médias en rédigeant avec eux un « code de Twitter », qui, à l'image du code de la route, nous donne les éléments d'une utilisation saine et sécurisée de l'outil.

Comment les parents réagissent-ils ?

À mon grand étonnement, je n'ai pas eu de réaction franchement négative. Au pire, certains parents se sont avoués dépassés (impossibilité de se connecter, difficulté avec la maîtrise de l'outil...), et s'interrogent sur les limites et les risques de l'outil. Lors d'une réunion avec les parents pour l'occasion, j'ai présenté mes objectifs, l'utilisation faite en classe et l'utilisation possible à la maison. Certains prenaient des notes, et le soir même, j'avais encore quelques nouveaux élèves connectés sur Twitter à titre personnel.

Depuis la mise en place de « Twitter en classe », les parents apprennent à utiliser l'outil, à l'aide de leur enfant. La majorité des parents interrogés partent du constat que les enfants utilisent déjà, ou utiliseront, Internet, et notamment les réseaux sociaux. Ils soulignent donc l'importance de les éduquer à ces médias et à leur usage dès le plus jeune âge.

J'insiste bien sûr sur le fait qu'il s'agit d'une expérience réfléchie, et encadrée par des adultes (le maître à l'école, les parents à la maison). En aucun cas il ne s'agit de laisser des enfants face à un monde virtuel trop rapide pour eux ou dont les thèmes ne seraient pas adaptés.

Espérons que cette expérience précoce leur donnera les billes nécessaires pour utiliser de façon positive les outils de communication proposés sur Internet, en les incitant à laisser une trace numérique positive !

Bloquer à 10 ans

Sacha est un jeune blogueur : il n'a que 10 ans ! Il raconte ici son expérience, et sa maman donne son point de vue.

Qu'est-ce que tu mets en ligne sur ton blog ?

J'aime bien écrire mes inventions, mes histoires, mes dessins, et surtout mes recettes. J'aime beaucoup mettre des recettes en ligne : j'y réfléchis, je les poste, et ensuite on les fait en famille. Cette année, je poste mes poésies. Ce sont des poésies acrostiches.

Qu'est-ce que tu préfères dans ton blog ?

Les commentaires ! J'aime bien les lire, y répondre. J'aime bien apprendre à connaître les personnes qui font des commentaires : Géraldine, Yanick, Catherine…

Est-ce que c'est toi qui mets tes billets tout seul en ligne ?

Au début, c'était avec maman. Maintenant, je me débrouille tout seul. Je le fais quand j'ai envie. Je ne suis pas obligé, ce n'est pas un devoir.

Questions à Caroline, sa maman

Qui a eu l'idée du blog ?

Sacha a beaucoup de choses à dire. Il a envie de communiquer, mais il a parfois du mal. Je lui ai présenté l'idée du blog il y a deux ans, et il a été d'accord. Il est passionné par la cuisine, les recettes. Il reçoit des commentaires de gens qui le conseillent sur les ingrédients, ou qui ont testé ses recettes. Il y a de vrais échanges et de vraies interactions.

Quel est votre degré d'intervention ?

C'est lui qui décide s'il a envie de bloguer. L'an passé, il a très peu blogué, par exemple. Au début, je scannais ses dessins. Et puis petit à petit, il a écrit directement sur son blog. Aujourd'hui, je me contente d'une relecture a posteriori – mais Sacha est très doué en orthographe. Ma principale intervention est dans la modération des commentaires, pour éviter les spams, par exemple.

Après deux ans de blog, quel bilan tirez-vous de cette expérience ?

Pour Sacha qui a des problèmes de communication, le blog est un bon outil pour interagir. Les interactions qui ont lieu le valorisent. Il a deux univers différents : sa vie concrète, quotidienne, avec l'école, les copains, etc., et puis sa vie intérieure, qui est intense. Le blog permet justement de mettre en ligne cette vie intérieure. Et la création du blog m'a aussi permis de poser les bases d'une éducation aux médias sociaux, en expliquant qu'on ne met pas tout en ligne, et surtout pas son nom et son adresse. C'est un très bon apprentissage. La preuve : sa sœur de 8 ans a eu envie elle aussi d'avoir son blog !

http://histoiresdesacha.blogspot.com/

Twitter, une activité familiale comme les autres ?

Extrait d'une chronique publiée sur Parents 3.0 en juin 2011

« Hier soir, c'était un peu ambiance Comptoir des Cotonniers à la maison… Vous savez, cette marque de vêtements qui a axé sa campagne de pub autour des relations mère-fille. Transposé chez les Bee, ça donnait Septans et moi affalées sur le canapé, tête contre tête, l'iPhone entre nous deux, et les tweets qui défilent sous nos yeux éblouis.

Bien entendu, Septans a voulu rédiger son propre tweet. "Comme ça, plutôt que de mettre que je m'appelle Septans, je vais donner mon vrai prénom." Oh la belle occasion! Je ne vais pas dire que je me suis réjouie, mais pas loin… J'ai ainsi pu sortir l'artillerie lourde, le B.A.-BA de l'accompa-gnement aux réseaux sociaux: ton nom tu ne donneras point n'importe où à n'importe qui, un pseudo tu trou-veras. Comme elle n'arrivait pas à trouver un pseudo qui lui plaise (et qui me plaise aussi, hein, j'ai encore mon mot à dire pour le moment, parce que "Dédé", bon, ça le fait trop pas, et ne me demandez pas pourquoi elle voulait cette bizarrerie), on a reporté l'écriture du tweet. Mais ça n'a eu aucune incidence sur le bon déroulement de notre soirée mère-et-fille-jouent-à-Twitter-et-kiffent-ça.

Parce que pour être tout à fait honnête, on n'a pas vrai-ment lu ce qui se tramait sur Twitter. Ce qui était écrit, on s'en fichait un peu. Avec Septans, ce qui nous intéressait, c'était de commenter les images. Oui, les images, les ava-tars. Les avatars, ça n'est que du bonheur. C'est une source intarissable de discussions, de palabres divers et variés. J'avais un peu l'impression d'être attablée à une terrasse de café, et de glousser à deux en regardant les gens passer. *Priceless*, comme on dit sur le réseau.

Par charité, je tairai le nom des comptes qu'on a trouvé moches ou cucu. Et sans surprise, les avatars qui ont retenu l'attention de Septans renvoient à son univers: nous avons ainsi apprécié un Donald, un diadème, une planche de surf avec Hello Kitty, la Panthère rose, un bonhomme

Lego, une souris… et pas mal d'autres, preuve qu'on peut tweeter sérieux, et renvoyer une image qui parle à une enfant de sept ans. Ça n'est pas le moindre des paradoxes de Twitter.

Voilà, je peux bien l'avouer, j'ai trop liké cette soirée avec ma fille. Au niveau complicité, c'était +1 comme on dit chez Google. +1000 version Twitter. »

Twitter à 7 ans

Emmanuel Gadenne est *Internet manager*. Il est très présent sur Twitter, où il est suivi par plus de 9 000 personnes. Léo, son fils de 7 ans, a lui aussi son compte Twitter.

Pourquoi avoir créé un compte à votre fils ? Était-il demandeur ?

Mon fils Léo voulait avoir « son Twitter », comme papa. Le compte a été créé alors que Léo venait d'avoir 6 ans. J'ai dû au départ écrire à sa place, en retranscrivant ses propos ou en postant des photos de ses activités. J'ai envisagé cela comme un bon moyen pour Léo d'apprendre en s'amusant. Mes deux autres enfants (11 ans et 4 ans) n'ont pas encore de compte, mais le jour où ils seront intéressés par Twitter, ils l'auront.

Quels sont les avantages de Twitter pour un enfant de 7 ans ? Est-ce pour le côté pédagogique, pour l'aspect réseau ? Les deux ?

Twitter est très amusant pour un enfant de 7 ans qui découvre la lecture et l'écriture. Je le laisse taper lui-même ses textes ou prendre ses photos et vidéos avec un iPhone. Léo a vite compris que Twitter était un espace lui permettant de s'exprimer : il trouve ça super de pouvoir envoyer des textes, des photos, des vidéos.

Concernant l'aspect réseaux, il veut suivre certains comptes qui ont des avatars qui lui plaisent. Pour les autres, c'est moi qui lui ai choisi des comptes à suivre car il n'en fait que très rarement la demande.

Il s'intéresse au nombre de personne qui le suivent. Il ne prête pas attention aux messages publics ou privés qu'il reçoit, et c'est moi qui lui signale ceux qui appellent une réponse.

Qui sont les abonnés de Léo ? Des connaissances ?

Parmi les followers, ou abonnés aux tweets de Léo, deux membres de la famille, des connaissances de son papa, des enfants de son âge, des personnes qui s'intéressent aux usages des réseaux sociaux par les plus petits, des *community managers*, des comptes de marques, etc.

Pourquoi ne pas avoir protégé le compte ? N'avez-vous pas peur d'une « exposition » trop forte (je pense notamment aux photos publiées) ?

Léo tweete peu (115 tweets en 1 an). Il ne tweete tout seul que depuis quelques semaines et bien souvent, il a encore besoin de mon aide. Je l'ai bien sûr sensibilisé au fait qu'il fallait me faire vérifier ses tweets, ainsi que les photos et les vidéos attachées.

Après tous ces tweets, quel « bilan » tirez-vous de l'expérience ?

Pour moi, l'expérience est très positive, c'est une excellente activité à partager entre parent et enfant. Léo adore cette activité.

Pour moi qui utilise Twitter depuis bientôt 3 ans, c'est une excellente façon de comprendre comment on peut appréhender progressivement les différentes fonctionnalités de cet outil très riche.

C'est, enfin, un bon moyen de faire un peu d'évangélisation autour de Twitter et de son utilité pour tous : beaucoup de gens sont intrigués par le fait que Léo puisse tweeter à 7 ans ; et s'il le fait (avec profit), alors pourquoi pas eux ?

Questions à Léo, 7 ans

Qu'est-ce qui te plaît avec Twitter ?

Faire des messages.

Qu'est-ce que tu aimes bien tweeter ?

Des photos et des vidéos, et après mettre des messages.

Est-ce que tu tweetes avec d'autres enfants de ton âge ?

Non.

DE NOUVELLES RELATIONS FAMILIALES

Yann Leroux est l'un des rares psychologues et psychana-
lystes qui soit également « geek ». Sur son blog, justement
intitulé « Psy et geek », www.psyetgeek.com, il s'intéresse
à la dynamique des relations en ligne, et aux mondes
numériques en général. Lui-même très présent en ligne
(notamment sur son compte Twitter @yannleroux),
membre de l'Observatoire des mondes numériques en
sciences humaines, joueur passionné, il est un fin connais-
seur des usages des ados en réseaux, et il nous livre ici son
point de vue sur les nouvelles relations familiales qui sont
en train de se tisser avec le développement du Web social.

*Comment expliquer que dans la plupart des familles, le
Web social soit d'abord une source d'angoisse ?*

Il y a à cela au moins deux raisons. La première est que
l'on a toujours tendance à surévaluer les dangers de ce que
l'on connaît mal. La seconde est l'image du Web social
construite dans les médias. Les deux raisons sont bien
évidement liées : la méconnaissance fait que l'on a tendance à donner davantage crédit à ce que l'on lit et ce que
l'on entend par ailleurs. Or, le Web social est souvent décrit
dans les médias comme un espace de dangers.

Cette mise en avant des risques peut s'expliquer par le fait que l'avènement du Web a été ressenti comme une catastrophe pour les médias traditionnels, qu'il s'agisse de la télévision ou de la presse papier. De grandes institutions comme le *New York Times* ou *Le Monde* ont dû revoir leur offre en fonction du réseau. Le métier même de journaliste en est changé, pris de vitesse par Twitter, qui a désormais généralement la primeur des informations.

D'une façon générale, les médias ont donc tendance à présenter Internet sous ses traits les plus grossiers. Il se crée alors ce que le sociologue Stanley Cohen a appelé des « paniques morales », c'est-à-dire la désignation d'un groupe de personnes comme responsables d'une menace pour les valeurs sociales. Une panique morale est une réaction d'inquiétude disproportionnée face à certains groupes ou pratiques culturelles considérées comme déviantes. Elle apparaît lorsqu'un « événement, un épisode, une personne ou un groupe de personnes sont considérées comme une menace pour les valeurs sociales » (Cohen, S. 1972). Elle allie un fait divers, des politiques et des experts.

Les paniques morales sont des problèmes socialement construits dans lesquels des faits réels sont exagérés. Leur impact est amplifié par des chiffres non vérifiés qui sont répercutés d'un média à l'autre, donnant naissance à un phénomène de résonance et d'auto-validation. Des problèmes anciens sont présentés dans les espaces médiatiques et politiques comme nouveaux ou faisant l'objet d'une extraordinaire croissance. Ces problèmes nécessitent donc une attention soutenue et des réactions rapides comme la mise en place de nouvelles législations.

Stanley Cohen donne plusieurs étapes à la panique morale. La première phase est une phase d'alerte : un fait est rapporté par la presse et mis en lien avec un individu ou un groupe. Des experts donnent des explications et les événements du même type se multiplient dans la presse. Des « entrepreneurs moraux » lancent des alertes pour que de tels faits ne se reproduisent plus. Au cours d'une deuxième étape, la phase d'impact, tous les faits sont interprétés dans un seul sens : ils sont interprétés comme un phénomène cohérent par les personnes, qui ont été préparées pendant la phase d'alerte. Puis vient la phase de réaction. L'espace public se divise en deux et devient une scène de théâtre sur laquelle les questions de morale sont jouées. Les rôles sont répartis de façon manichéenne. Il y a les « bons » et les « mauvais », les « pour » et les « contre » et les débats renforcent les représentations et les rôles des différents acteurs.

Les réseaux sociaux sont d'extraordinaires caisses de résonance, pour le meilleur comme pour le pire. Ils peuvent permettre à un peuple de reconnaître le sort qui lui est fait et l'aider à se soulever, comme on a pu le voir lors des événements du « printemps arabe ». Ils peuvent aussi être le théâtre d'une mise en scène de comportements irrationnels. C'est ainsi qu'en janvier 2011, un groupe est créé sur Facebook pour désigner une personne que son profil dénoncerait comme pédophile : il commente des photos d'enfants ; un de ses amis affiche un provocateur « I like sex with boys ». En quelques heures, le groupe rassemble plus de 3 000 personnes, dont beaucoup profèrent des menaces haineuses à l'encontre de l'internaute. Ces groupes haineux ne sont pas rares sur les réseaux. Ils peuvent concerner des personnalités publiques – un groupe appelant au meurtre de Barack Obama a recueilli 1 million de membres et a valu à son créateur une visite du FBI – ou de parfaits inconnus (qui ne le restent pas), comme Jessi Slaughter, 11 ans : elle est devenue, malgré elle, une « star » du Web, après avoir posté des vidéos sur YouTube (2 millions de vues sur ses vidéos en quelques jours) et suscité beaucoup d'agressivité et de haine.

Hier, on jetait une corde au-dessus d'une branche. Aujourd'hui, on crée un groupe Facebook. Cependant, hier comme aujourd'hui, l'enthousiasme avec lequel ces foules se rassemblent ne doit pas faire oublier qu'elles enfreignent la loi. Il est souhaitable que Facebook ne se couvre pas de « fruits étranges », et que les internautes sachent conserver leur raison pour éviter de ne voir que le côté angoissant des réseaux.

Selon vous, la « cyberaddiction » que l'on accuse de bien des maux « est à la psychologie ce que le monstre du Loch Ness est à la zoologie ». Pourtant, les enfants, en particulier les ados, passent beaucoup de temps en réseau, et sur les réseaux. Comment définir le temps passé en ligne ?

Il n'y a à ce jour aucune reconnaissance de la « cyberaddiction » par les classifications internationales. Il existe deux classifications internationales des maladies mentales. La première est le Diagnostic Standard Manual (DSM) de l'American Medical Association (AMA), et la seconde est la Classification internationale des maladies de l'organisation mondiale de la santé. À l'occasion de la nouvelle version du DSM, la cyberaddiction aurait pu être ajoutée au titre de nouvelle maladie. Il n'en est rien, et l'avis rendu par l'AMA reste constant depuis maintenant 15 ans : il n'y a pas lieu d'inventer une nouvelle maladie. Il faut garder en tête que la « cyberaddiction » est au départ une plaisanterie postée sur les forums de PsyCom.net par Yvan Goldberg, psychiatre à Manhattan. Elle reste de la psychologie populaire, c'est-à-dire sans aucun fondement scientifique. Elle est une métaphore par laquelle le grand public peut se représenter un phénomène.

Les adolescents passent beaucoup de temps sur le réseau pour plusieurs raisons. La première est qu'Internet est le média du siècle. En 2006, le *Time Magazine* a choisi comme personnalité de l'année… l'internaute. L'internaute est à prendre au sens de l'homme sans qualité, Monsieur ou Madame Tout-le-monde, qui bâtit des cathédrales en s'appuyant sur des solidarités en ligne comme il n'en a jamais existé dans toute l'histoire de l'humanité. Construit dans les confins de la culture, le réseau Internet en est maintenant le centre vibrant. Comment les adolescents, toujours à l'affût de nouveautés, pourraient-ils rester à l'écart de ce mouvement ? Le lien étroit d'une génération avec un média n'est pas une chose nouvelle : souvenons-nous des relations que leurs grands-parents avaient avec la radio, ou leurs parents avec la télévision.

Les mondes numériques sont également attrayants pour les adolescents parce qu'ils offrent un espace où penser les changements auxquels ils doivent faire face. Les changements corporels, leur intensité, leur vitesse soumettent tous les adolescents à l'impératif de transformation psychique. L'adolescence est donc un moment d'intense travail de subjectivation. Internet offre à ce travail de subjectivation des appuis précieux, à la fois parce qu'il est un environnement social, et parce qu'il est un média.

Comme environnement social, Internet offre à chaque adolescent la possibilité d'établir et de rompre des liens, de trouver des images idéalisées ou d'être idéalisé, d'aimer et de haïr, d'être soi-même et d'être différent. Comme média, Internet est un espace dans lequel il est possible de se reposer du contact d'autrui en étant en lien avec des choses plutôt qu'avec des personnes.

Les blogs et les réseaux sociaux permettent de partager des émotions. Ils sont des lieux de décharge et d'élaboration. Ils permettent de dire l'exaspération, la colère, l'amitié, le plaisir, le lien, l'agressivité, le rejet, la séparation… plus facilement que dans l'espace hors ligne. La forme de l'expression est fonction du travail de formalisation. L'accumulation de *smileys*, ou de points de ponctuation donne par exemple une idée du niveau d'élaboration formelle. L'émotion mise en ligne est reprise par d'autres et commentée de nombreuses façons – *like*, commentaires, partage sur d'autres réseaux sociaux – mais le simple fait d'être lu est en soi suffisant. Les commentaires signalent en effet à l'adolescent que ce qu'il pense et éprouve dans son for intérieur peut être partagé par d'autres personnes.

Les contenus déposés en ligne peuvent être très sophistiqués mais ils peuvent aussi être très peu élaborés, voire très crus. Dans un cas, les récits, le travail sur la mise en pages ou sur les images témoignent d'un travail sur les contenus et les contenants, tandis que dans l'autre cas, les contenus témoignent d'un mouvement de régression formelle et temporelle.

Le temps passé en ligne est donc un travail de subjectivation. L'Internet est un espace dans lequel chacun peut faire part de ce qu'il a de plus subjectif, de plus personnel, de plus irréductible et en même temps d'être reconnu par plus d'un autre. Le réseau permet ainsi de faire sien des éléments étrangers ou de se réapproprier des éléments personnels après leur avoir fait faire un détour sur Internet. C'est aussi un espace dans lequel il est possible de partager ce que l'on a de plus banal. Les banalités échangées en ligne sont souvent critiquées. Elles sont pourtant précieuses. D'abord parce qu'elles signalent la continuité d'un lien. Elles indiquent aux autres que l'on est là, ou que l'on est présent à ce qu'elles font en ligne. Ensuite, parce qu'elles renforcent le sentiment de participer à un collectif, à un « nous ». Cet élément est particulièrement important à l'adolescence qui est une période durant laquelle la subjectivité de chacun a tendance à être surinvestie.

Pour que ce travail de subjectivation soit mené au mieux, il est important que la vie en ligne des adolescents fasse partie des échanges familiaux afin d'éviter qu'elle ne se constitue comme des « caves » ou des « greniers ».

Les ravages d'un harcèlement en ligne sont-ils aussi forts que celui subi « en vrai » ? Quels sont les mécanismes en jeu ?

Qu'il se produise en ligne ou hors ligne, le harcèlement se caractérise par la volonté de nuire, et la répétition. C'est une relation inégale entre une victime et un ou plusieurs agresseurs. Le harcèlement provoque des états dépressifs, une diminution de l'estime de soi, un sentiment d'insécurité, une perte de confiance en l'avenir, des conduites auto ou hétéro-agressives et bien évidement un isolement social. Petit à petit, le seul lien que la victime a avec son groupe de pairs se limite à celui qui l'attache à ses agresseurs! Certaines victimes intériorisent la violence, et se transforment à leur tour en agresseurs, tandis que d'autres retournent l'agression sur eux. Ils considèrent alors que s'ils sont attaqués, c'est bien parce qu'ils ont peu de valeur. La dépréciation est d'autant plus rapide et profonde que l'environnement aura été un spectateur silencieux des attaques.

Il faut préciser que le harcèlement n'est pas une chose nouvelle. Les enfants ne sont pas moins violents que les adultes. La nouveauté est que les adultes s'en préoccupent davantage. On a pu faire remarquer que si aujourd'hui des enfants se conduisaient comme ceux du livre (1912), puis film (1962) *La Guerre des boutons*, ils seraient l'objet de mesures judiciaires et éducatives... Le regard que la société pose sur la violence en général a changé en quelques générations.

Sur Internet, le harcèlement consiste à envoyer des messages agressifs à l'encontre d'une personne, à la diffamer, à rendre publics des détails de sa vie privée. L'intention est de nuire à la personne et les attaques sont répétées Le harcèlement utilise les outils de communication du réseau: le mail, les messageries instantanées, les sites de réseaux sociaux, ou encore les blogs et la vidéo. Le but est d'humilier, d'embarrasser ou de gêner la victime.

Les victimes et les bourreaux du harcèlement en ligne présentent généralement des troubles psychologiques. La symptomatologique dépressive et la solitude sont le plus fréquemment associées au harcèlement en ligne ainsi que la baisse de l'efficience scolaire et l'absentéisme. On trouve un effet lié au sexe : les filles sont plus exposées au problème et les conséquences sont aussi généralement plus négatives pour elles que pour les garçons.

Dans la plupart des cas, victimes et agresseurs sont des enfants. Le comportement n'est pas rare, puisqu'un enfant sur trois affirme avoir été concerné par le harcèlement en ligne (Kowalski & Limber, 2007).

Les mécanismes du harcèlement en ligne sont les mêmes que ceux du harcèlement hors ligne. Le Web social étend parfois démesurément l'espace social de chacun. Les occasions de gratifications comme de contrariétés sont tout autant augmentées. En d'autres termes, Internet offre de nouvelles occasions de satisfaire des besoins psychologiques, qu'il s'agisse du besoin d'aimer ou de celui d'agresser. Il y a deux différences avec le monde hors ligne.

La première est qu'Internet est massivement social. Les victimes sont donc confrontées aux agresseurs qu'elles peuvent croiser dans l'espace géographique, mais aussi à de parfaits inconnus qui se joignent à l'attaque. Le réseau fait jouer des foules numériques qui se forment pour lyncher numériquement un individu. Sur Facebook, des groupes haineux se forment régulièrement. Ils peuvent avoir comme objet une personnalité publique, un style de musique ou un individu. Ils peuvent se développer d'autant plus facilement qu'il suffit d'un clic pour apporter son soutien à de tels groupes.

La seconde différence réside dans le fait que le harcèlement ne cesse pas une fois que l'on a quitté l'école : la connexion permanente rend l'exposition à l'agression permanente aussi.

Comment expliquer le succès de Facebook auprès des ados ?

Avec plus de 700 millions d'utilisateurs, Facebook intéresse largement plus que les adolescents. La tranche d'âge qui a le plus progressé est celle des seniors, ce qui n'a pas manqué de provoquer quelques frictions entre les adolescents et les jeunes adultes, et leurs parents fraîchement arrivés en ligne.

Facebook intéresse les adolescents parce que c'est avant tout un espace social. Une des tâches les plus importantes de l'adolescence consiste à se détacher de son groupe familial et à s'attacher à d'autres groupes. C'est un travail difficile, qui se fait parfois avec des à-coups : un adolescent peut exiger de « sortir », et passer la semaine suivante calfeutré dans sa chambre.

Ce travail de mise en lien et de déliaison se fait aussi sur Facebook. Comme tout espace social, Facebook est à la fois un espace de représentation et d'engagement. Sur Facebook, les adolescents se présentent par leurs images de photos, les contenus qu'ils disent aimer, les commentaires et les statuts qu'ils laissent. Ils sont aussi définis par le réseau de leurs amis. La taille du réseau peut avoir de l'importance, mais celle-ci est peu de choses comparée à sa réactivité. Le réseau permet de mettre ce que l'on appelait classiquement les techniques de soi : l'écriture, la lecture, la déambulation, la retraite, la méditation et les régimes. Sur le réseau, il s'agit encore et toujours d'écriture: on devient en écrivant, selon la jolie formule de la spécialiste des réseaux danah boyd[1]. Cette écriture peut prendre la forme d'un journal comme sur un blog, ou elle peut avoir la forme plus lapidaire des « statuts » sur Facebook, elle travaille toujours dans deux directions à la fois. Il s'agit de faire partager à d'autres des pensées, des émotions, des souvenirs, et il s'agit de mieux s'approprier ce que l'on partage avec d'autres.

Les déambulations prennent la forme de visites des profils de ses amis. Ces promenades en ligne permettent de rester en contact avec les contenus mis en ligne par les amis, et donc avec leurs intérêts du moment. On sait par l'enquête de Fréquence Écoles que plus les enfants grandissent, plus les conduites d'exploration diminuent[2]. Leurs pratiques du cyberespace ressemblent à du tourisme organisé: ils se rassemblent en masse aux mêmes endroits, et ont des circuits organisés qui balisent le temps qu'ils passent en ligne. Les promenades en ligne permettent de rester au contact de la vie du groupe. Elles contribuent à créer un sentiment de co-présence important. Les contenus postés sur les différentes plateformes forment un nuage d'« intimité ambiante », une formule de la consultante et conférencière britannique Leisa Reichelt. L'intimité ambiante est le fait d'être en lien profond au travers de

---

1. Citation: boyd, danah. (2007) "Why Youth (Heart) Social Network Sites: The Role of Networked Publics in Teenage Social Life." MacArthur Foundation Series on Digital Learning – Youth, Identity, and DigitalMedia Volume (ed. David Buckingham). Cambridge, MA: MIT Press.
2. Les jeunes et Internet: De quoi avons-nous peur? http://www.frequence-ecoles.org/accueil:nos-actions:la-recherche/

choses superficielles. C'est un processus continu qui n'existe que par le cyberespace. Le nuage d'informations produites au jour le jour (géolocalisations, goûts et dégoûts au travers des « likes » et des commentaires, favoris sur Delicious, etc.) permet de partager ses investissements, ses pensées, ses élans du moment.

La superficialité de ce qui est souvent partagé ne doit pas troubler outre mesure. L'important est ailleurs. Il est dans le fait que l'on puisse rester en contact même lorsque l'on est séparé. Les adolescents disposent ainsi d'un espace dans lequel les anciennes questions autour de la séparation et de l'individuation peuvent être reposées. Le cyberespace leur permet de mettre un peu à distance des choses qui peuvent être trop brûlantes du fait de la proximité des corps. La lecture des anciens statuts ou des photos permet également de revenir sur ce qui a fait l'objet d'un grand émoi, qu'il s'agisse de plaisir à l'occasion d'une fête ou de tristesse, à l'occasion d'une séparation.

Les adolescents aiment également la retraite que Facebook leur offre. Ils peuvent y exercer leurs cultures adolescentes, avec leurs codes, leurs tohu-bohu, leurs excès loin du regard des adultes. L'arrivée des parents sur Facebook a provoqué beaucoup d'émoi dans les communautés adolescentes[3] et il a fallu construire des modalités de vivre ensemble qui satisfassent les deux générations. Les adolescents étaient d'ailleurs plus respectueux de leurs vies privées que les parents dont certains n'hésitaient pas à

---

3. Des groupes comme « *Au moins ma mère n'est pas sur Facebook* » et « *Contre l'invasion des parents sur ton Facebook (oui, maman, ça te concerne aussi* » ont été créés. *En vain. Les seniors ont fini par s'implanter.*

poster les images de leur enfant dans leur bain, sans prendre suffisamment en compte le fait que quelque 15 ans plus tard, l'exposition de cette image aux amis de leur enfant pouvait avoir d'autres conséquences.

Les adolescents se servent de Facebook de différentes façons. C'est d'abord pour eux un lieu où perdre du temps avec leurs amis. La génération précédente aimait à le faire dans les centres commerciaux et dans les halls d'immeuble. Les adolescents d'aujourd'hui disposent d'un nouveau non-lieu où l'on prend le temps de perdre son temps. Le temps est quelque chose de très particulier à l'adolescence. C'est à la fois un temps où les choses s'accélèrent : en un laps de temps très court, les adolescents acquièrent de nouveaux savoirs et doivent les mettre en œuvre dans l'espace social. Mais c'est aussi un temps où ils traversent des zones de pot-au-noir : il ne se passe rien, et la probabilité qu'un événement intéressant survienne est au-delà de l'horizon. Ces temps morts peuvent être passés sur Facebook à recevoir les dernières nouvelles des amis et des parents.

Avec la généralisation des réseaux sociaux, assiste-t-on à une nouvelle approche de la notion de relation, de rencontre ?

Au moins deux éléments sont à prendre en compte pour parler des changements apportés par le réseau Internet. Le premier est la force des liens faibles, et le second est l'intimité ambiante.

Avant d'être sur Internet, les réseaux sociaux étaient des objets étudiés conjointement par des sociologues et des mathématiciens. En 1973, le sociologue américain Mark Granovetter a mis en évidence le fait que les personnes qui sont les plus utiles à un chercheur d'emploi ne se trouvent pas dans son environnement social immédiat. Elles sont des amis de ses amis, voire au-delà. Toute la difficulté pour une personne qui recherche un emploi est donc d'accéder à des gens qui se trouvent au-delà de son environnement social immédiat. Finalement, ce sont dans ces « liens faibles » qu'elle trouvera le plus de ressources, parce qu'elles ont accès à des informations différentes de celles auxquelles elle a habituellement accès. Plus le graphe social de la personne est étendu, plus son espace social s'élargit, plus elle a accès à des mondes sociaux différents du sien.

La mise en place d'un tel graphe social est souvent difficile. La distance géographique mais surtout les distances sociales en sont les principaux obstacles. Le cyberespace a toujours été un espace dans lequel les liens faibles étaient privilégiés. Le « ticket » d'entrée et de sortie dans un groupe est très faible et chacun peut participer au travail et aux discussions en cours à son propre rythme. En ligne, le travail social bénéficie des propriétés de l'Internet. Il s'appuie sur le passé en puisant dans les archives du groupe et des individus. Ce travail bénéfice également d'un effet « longue traîne » (Anderson, C., 2004) puisqu'il prend en compte toutes les contributions, les grandes comme les petites.

Finalement, les relations sur Internet s'appuient sur ces propriétés. Le réseau est en effet un espace persistant, interrogeable, réplicable et à grande échelle (dana boyd). Sur Internet, les interactions laissent une trace qui est la plupart du temps publique. Les contenus peuvent faire l'objet de recherches. Les objets sont facilement copiables et distribuables. Enfin, les audiences sont beaucoup plus grandes que dans l'espace géographique.

Il n'y a que sur le réseau que nous pouvons avoir ce type de relations. Elles ne sont pas des substituts aux rencontres auxquelles nous étions habitués, mais elles permettent de repenser ce que « être avec quelqu'un » veut vraiment dire.

La force des liens faibles est d'abord une expression tirée d'un article de Mark Granovetter qui montre que pour certaines tâches comme trouver du travail, il peut être plus efficace de s'appuyer sur des relations éloignées que sur ses proches. Les liens que nous formons habituellement avec les autres dépendent de la quantité de temps de la relation, de l'intensité émotionnelle, de l'intimité et des services rendus. Les « liens forts » ont tendance à construire des communautés dans lesquelles les individus sont très sem-blables. Les « liens faibles » connectent des communautés de personnes liées par des liens faibles. Ce sont des ponts vers des horizons inattendus.

L'Internet est un espace social dans lequel il est facile d'utiliser la force de ces liens faibles. Les digiborigènes ont d'abord utilisé le vagabondage : en allant d'un site ou d'un forum à l'autre, ils ont appris les bonheurs des errances et les joies de la sérendipité. L'époque actuelle renforce encore cet effet puisqu'une multitude de services permet de laisser des ombres de nos activités. Les pages Web remarquables peuvent être signalées sur Diigo ou GetGlue. Les films et les séries vus sont collectés sur Miso, les voyages partagés sur Wipolo, le jogging sur RunKeeper... Cette longue traîne informationnelle multiplie les occasions de contacts et de surprises avec d'autres personnes. L'Internet nous permet de nous appuyer sur des nuages de liens qui nous mettent en contact avec des communautés ou des ressources qui resteraient hors de notre portée. Ce réseau de liens forts et faibles nous permet de qualifier les rencontres que nous avons en ligne. Ils correspondent à une alternative que nous connaissons tous entre la sécurité des relations anciennes et basées sur la similarité et les possibilités de découvertes données par les relations nouvelles.

Les liaisons faibles ouvrent aussi sur un nouveau rapport au conflit dans les groupes. Alors que dans le cadre des solidarités fortes, les conflits sont traités, ils sont systématiquement évités dans le cadre des liens faibles. Un désagrément provoque immédiatement la rupture du lien, quitte à recréer un lien avec la personne quelques jours, voire quelques heures plus tard. Lorsqu'une difficulté arrive, elle ne donne pas lieu à un conflit permettant d'élaborer un compromis, mais à une bifurcation dans laquelle chaque terme du conflit est développé indépendamment des autres. Cet évitement quasi systématique n'est pas forcément une mauvaise chose : il a permis l'édification de chapelles Sixtine numériques comme Linux ou Wikipedia.

Les deux types de relations ont chacune leurs avantages et leurs dangers. Les relations fortes sont potentiellement enfermantes tandis que les relations faibles comportent le risque d'ouvrir sur des divergences sans fin. Pour bénéficier au mieux des avantages d'un type de relation, il faut pouvoir rester suffisamment ouvert à l'autre.

Quels conseils donneriez-vous aux parents pour que le Web social ne soit plus l'objet de tensions familiales, mais devienne une source d'enrichissement mutuel ?

L'idéal est que les parents aient une culture numérique. Des parents ont parfois un mouvement de découragement et se disent qu'Internet est bien trop compliqué. Ils se trompent deux fois. Ils se trompent parce que le réseau n'est pas si compliqué que cela. Ils ont suffisamment de connaissances, comme adultes, pour guider leurs enfants. Ils se trompent, aussi, parce qu'ils donnent l'exemple de quelqu'un qui a renoncé à apprendre alors que l'on demande aux enfants de fournir des efforts importants à l'école.

Il y a une bonne nouvelle : les règles de sécurité que l'on donnait aux enfants avant Internet sont également valables sur Internet. Avant Internet, on apprenait aux enfants qu'il ne fallait pas se lier à des inconnus, aussi séduisants puissent-ils être. En ligne, cela signifie entre autres : ne pas donner ses coordonnées à des inconnus. En ligne, nous sommes menacés par plusieurs côtés. Nous sommes menacés dans l'intégrité de notre environnement numérique par les virus. Cet environnement est toujours plus ou moins associé au corps, et tout empêchement de fonctionner ou toute intrusion de cet environnement est alors vécu avec angoisse. Contre cette menace, la mise en place et la maintenance de logiciels (antivirus et pare-feux), l'utilisation de systèmes de sauvegarde ou l'utilisation de systèmes d'exploitation non sensibles à ces attaques sont la bonne réponse. Il faut y ajouter un certain degré de fatalisme, car aucune protection n'est efficace à 100 %. Nous sommes également menacés par les autres internautes qui peuvent se conduire agressivement. Ces agressions peuvent prendre la forme d'attaques verbales, de campagnes de diffamation, la diffusion d'éléments personnels ou intimes, ou encore l'envoi d'images choquantes.

Il est important de faire la distinction entre les pré-adolescents et les adolescents. Plus les enfants sont jeunes, plus ils ont une pratique du Net basée sur le vagabondage et l'expérimentation. Pour eux, il est souhaitable que la pratique du cyberespace soit accompagnée d'un adulte. Cela permettra de former l'enfant à ses règles de sécurité. Le parent aura ainsi l'occasion de discuter avec l'enfant des contenus croisés en ligne : est-ce que ce que l'on voit sur le Web est vrai ? Est-ce plus ou moins fiable que la télévision ou la radio ? Pourquoi ? Comment évaluer le sérieux d'un site Internet ?

Les règles d'utilisation d'Internet sont là pour protéger l'enfant. Elles doivent donc être élargies en fonction de sa maturité. Toute modification des règles doit être explicitée à l'enfant ; ce n'est pas quelque chose qui peut être obtenu « à l'usure ». L'accès à Internet ne concerne pas que l'ordinateur, mais aussi les consoles de jeux portables et de salon, et aussi les téléphones.

Il faut veiller à faire entrer l'ordinateur dans la dynamique familiale. Cela peut être fait très simplement, en allant par exemple voir ensemble sur le Web le lieu des prochaines vacances.

Un logiciel de contrôle parental peut être une aide, à la seule condition que l'on ne considère pas qu'il puisse remplacer les parents. Les logiciels ont par ailleurs l'immense inconvénient de rendre des pages indisponibles. Elles ne sont pas une censure, qui est l'interdit de parole posé au désir, et elles n'ont pas d'effet structurant pour les enfants qui les vivent juste comme des empêchements. Un interdit est tout autre chose : c'est un « défendu » qui est au service de l'enfant.

Les choses se posent un peu différemment pour les adolescents. Les adolescents ont l'habitude de considérer les parents comme une part du problème et non comme une solution. Il vaut mieux éviter de renforcer chez eux cette position ! Cela passe par des trésors de patience mais cela (re)donne l'occasion de penser à ce que l'on a été comme enfants, aux parents que l'on a eus et à ceux que l'on aurait aimé avoir.

Même s'ils s'en défendent beaucoup, les adolescents ont besoin de sentir l'intérêt de leurs parents. Il est important de rester attentif à leurs besoins et ouvert à leurs intérêts. L'ouverture que l'on aura témoignée quant à leur vie leur permettra d'investir leurs parents comme aide potentielle en cas de problème. Chaque fois qu'un adolescent est blâmé pour ce qu'il a fait, cela réduit les chances qu'il se tourne vers ses parents au problème suivant. Le filtrage des contenus par un logiciel de contrôle parental est généralement inefficace. En effet, aucun système de filtrage n'est efficace à 100 %. Ensuite, les adolescents apprennent à contourner ces interdictions, et enfin, ils peuvent accéder au réseau à partir de leurs consoles de jeu et de leur téléphone portable ! Encore une fois, la meilleure protection, ce sont les interdits que l'adolescent aura intériorisés. Cela passe par un bon narcissisme qui permet de prendre soin de soi, et donc le respect total de la personne de l'enfant par ses parents. La règle d'or est encore la même : avoir une communication suffisamment aisée avec l'adolescent pour discuter des problèmes lorsqu'ils arrivent. Afin qu'Internet ne soit pas investi comme «ce-qui-apporte-toujours-des-problèmes», il est important de pouvoir aussi en parler à d'autres occasions. Il est très facile de faire entrer le réseau dans la dynamique familiale: il suffit, par exemple, de faire une recherche à propos de ce que l'on entend au téléjournal, ou d'inclure les enfants dans une discussion en ligne que l'on a avec d'autres membres de la famille.

Ces règles ne signifient pas qu'Internet est un média plus dangereux qu'un autre. Elles signifient simplement que les enfants doivent être accompagnés par des adultes, idéalement leurs parents, dans leurs apprentissages sociaux et dans l'interprétation de leur environnement. Les adultes doivent cet accompagnement aux enfants aussi pour la radio, la télévision et le cinéma.

LES LOGICIELS DE CONTRÔLE PARENTAL

Certains parents préféreront déléguer la surveillance à un logiciel de contrôle parental. Que font-ils, ces logiciels? Leur principale fonction est de limiter le risque qu'un enfant tombe sur un site au contenu non approprié, en établissant une liste de sites interdits. Il faut cependant savoir que souvent, les sessions de furetage effectuées avec un tel logiciel sont assez limitées, ce dont même les parents se plaignent!

Les dix conseils du e-parent

1/ Inculquer les règles de base dès le plus jeune âge :
   - ne jamais divulguer ses coordonnées sur le Net,
   - ne jamais donner son mot de passe,
   - ne pas accepter n'importe qui comme ami,
   - ne pas faire la « course aux amis »,
   - réfléchir à son identité numérique,
   - réfléchir avant de publier quoi que ce soit.
2/ Être à l'écoute de ses enfants, et leur faire sentir qu'ils peuvent compter sur leurs parents en cas de besoin.
3/ Ne pas laisser un jeune enfant se promener seul sur le Net.
4/ Être présent sur l'un des réseaux, même de manière occasionnelle, même rarement, mais simplement pour savoir comment ça fonctionne et ce qu'on peut y faire, pour pouvoir répondre aux questions éventuelles de ses enfants et se tenir au courant de ce qu'il s'y passe.
5/ Pour ceux dont les enfants sont trop jeunes pour être déjà présents sur les réseaux, commencer une initiation en douceur, avec un blog par exemple : c'est l'outil parfait pour se « faire la main », en se posant les bonnes questions.
6/ Dès le plus jeune âge, instaurer un « temps écran », qui limite le temps passé sur les terminaux connectés.
7/ Ne pas confondre espionnage et surveillance.

8/ Passer du temps numérique familial ensemble.

9/ Ne pas déléguer aux logiciels de contrôle le rôle des parents.

10/ Si toutes ces règles sont respectées => apprendre à faire confiance.

Charte de la vie de famille numérique harmonieuse

Article 1

Pas d'accès seul à l'ordinateur familial pour les jeunes enfants.

Article 2

Les enfants n'hésitent pas à parler à leurs parents si quelque chose les a gênés sur Facebook ou le Net en général. Les parents s'engagent à être attentifs et à l'écoute.

Article 3

Les parents n'hésitent pas à demander à leurs enfants s'ils ne comprennent pas quelque chose. Les enfants s'engagent à ne pas se moquer des parents si la question leur paraît étonnante (« Chéri, ça veut dire quoi le petit pouce levé sur Facebook ? »).

Article 4

Si les parents se posent des questions, ils peuvent essayer de voir du côté des forums familiaux comment font les autres familles pour résoudre un problème particulier.

Article 5

Si la gestion du « temps écran » devient source de conflit, revenir à des règles simples : pas de connexion si les devoirs ne sont pas faits, pas de jeux vidéo en semaine. Ce n'est qu'un exemple. À chaque famille de trouver son équilibre en fonction du nombre d'enfants et de leur âge.

Article 6

Et si on racontait nos aventures numériques (ou notre dernier voyage) (ou la passion de Maman pour le jardinage) (ou celle de Théo pour les dinosaures) dans un blog ? On pourrait passer du temps numérique ensemble, et échanger avec d'autres passionnés…

Article 7

Règle générale pour toute la famille : quand on se parle, on met des *smileys*, ça permet de mieux faire passer les messages… ;-)

Glossaire

Avatar

Le Web social mêle souvent écrits et images. La représentation d'un compte est souvent associée à un avatar, une image de soi qui n'est pas forcément son visage, mais qui fait référence, consciemment ou non, à une partie de nous-mêmes. Les enfants adorent observer ces avatars. Le choix d'un avatar en famille peut d'ailleurs être l'occasion de parler ensemble de ce que l'on peut faire ou non sur le Web.

Chat

Possibilité d'échanger en direct par l'écrit. Les chats (à prononcer « tchatt », de l'anglais *to chat*, discuter) sont particulièrement prisés des ados, notamment sur MSN, Skype et Facebook.

Données personnelles

Tout ce qui définit une personne (son nom, ses coordonnées, ses goûts). Les données personnelles sont au cœur de l'enjeu marketing de l'utilisation des réseaux sociaux : plus on en dit sur soi, plus les annonceurs potentiels sont contents...

Fake

Signifie « faux » en anglais. Le *fake* est l'ennemi de l'internaute, qu'il peut induire en erreur à cause d'un lien trompeur par exemple. Mais le *fake* le plus empoisonnant est le faux compte Facebook ou Twitter : quelqu'un qui s'inscrit sous une fausse identité et qui se forge une fausse personnalité. À retenir : personne n'est à l'abri de la rencontre d'un *fake*.

IRL

Acronyme de *In real life*, « dans la vraie vie » en français. Marque la différence avec le monde virtuel.

LOL

Acronyme de *Laughing Out Loud*, « mort de rire » en français. L'expression fait florès sur le Web social, où l'on aime beaucoup loler.

Like

« J'aime », en français, en référence au bouton proposé par Facebook pour signaler que l'on a aimé un contenu. Le *like* est emblématique du Web social, puisqu'il encourage le partage de ses goûts, de ses découvertes. Il est équivalent au « +1 » chez Google, ou au *retweet* sur Twitter.

Mur

C'est le nom donné par Facebook à l'espace virtuel où ont lieu les échanges, les publications. On poste sur un mur aussi bien des écrits que des images ou des vidéos.

Notifications

Elles font le sel du Web social : les notifications préviennent d'une nouvelle demande d'« ami », d'une nouvelle publication sur un mur, d'un nouveau commentaire sur un blog, d'un nouvel abonné sur Twitter… Bref, elles sont la manifestation que le réseau que l'on construit est bien vivant !

Poke

Faire un *poke*, c'est un peu faire un « coucou » virtuel à quelqu'un avec qui on n'est pas encore forcément ami sur Facebook, mais avec qui on aimerait bien le devenir. Voire plus dans certains cas…

Profil

C'est la partie visible de l'iceberg sur les sites de partage, ce que l'on souhaite partager comme indications sur nous-même : notre nom (réel ou pseudo), nos activités, nos passions…

Skype

Skype est un logiciel qui, une fois installé sur l'ordinateur, permet d'appeler gratuitement, avec ou sans la webcam, son correspondant, pour peu qu'il ait lui aussi téléchargé Skype et ouvert un compte. Ce logiciel permet également de chatter avec ses correspondants.

Statut

Sur Facebook, ils sont un peu l'équivalent de l'humeur du jour : en quelques mots, ils indiquent ce que l'on fait, ce que l'on a envie de faire…

Tag

Taguer, c'est préciser sur une photo qui est sur la photo, ou bien où la photo a été prise, dans quelle circonstance… Bref, c'est mettre en mots une image. Les ados adorent…

Troll

Le troll est généralement un *fake* (voir ce mot) dont la passion consiste à hanter les forums ou les réseaux pour y poster des messages plus ou moins virulents qui feront partir une discussion en vrille, et annihileront toute chance de débat constructif ou équilibré.

Liens utiles

Parents 3.0

Le blog de Laurence Bee, où elle observe la vie de famille numérique…
http://www.parents3point0.com

Sur Facebook : http://www.facebook.com/Parents3 point0

Psy et geek

Le blog de Yann Leroux
http://www.psyetgeek.com/
Association e.l@b

Cette association regroupe des acteurs du monde de l'éducatif, et s'est fixé pour mission de réfléchir autour des nouvelles pratiques numériques afin d'en tirer le meilleur parti et d'imaginer l'école du futur.
http://www.elab.fr/

Potati

Potati est le nom d'un navigateur Web destiné aux 3-12 ans. Une fois le compte activé, il permet aux plus petits de

se familiariser, dans un environnement sécurisé, au furetage, et de faire de cette activité une activité familiale.
http://www.potati.com/

Internetsanscrainte

Le « programme national de sensibilisation des jeunes aux
bons usages de l'Internet » contient de nombreuses informations sur la problématique du Web social. Il propose
notamment des jeux pour les plus jeunes, ainsi que 2025
exmachina, un *serious game*, jeu éducatif pour les ados,
pour leur faire prendre conscience des traces qu'ils laissent
à chaque connexion, ainsi que des implications de son
comportement en ligne.
http://www.internetsanscrainte.fr/
http://www.2025exmachina.net/

OMNSH

Le site de l'Observatoire des mondes numériques en
sciences humaines
http://www.omnsh.org/

Le miniréseau

Les parents d'élèves ont aussi leur réseau social : créé en
2011 à l'initiative de deux papas, le miniréseau propose
aux parents d'élèves d'une même école d'échanger plus
facilement grâce à leur site.
http://leminireseau.fr/

Netpublic

Ce site contient de nombreuses ressources éducatives et
observe les usages naissants du Web social.
http://www.netpublic.fr/